四川大学 学业指导丛书

引领

竞逐

共进

——『大川小思』朋辈有效学习攻略

陈森 卢莉◎主编

四川大学出版社
SICHUAN UNIVERSITY PRESS

项目策划：段悟吾　唐　飞　宋彦博
责任编辑：宋彦博
责任校对：周文臻
封面设计：墨创文化　许鸿仪
责任印制：王　炜

图书在版编目（CIP）数据

引领·竞逐·共进："大川小思"朋辈有效学习攻
略 / 陈森，卢莉主编. — 成都：四川大学出版社，
2020.9
　ISBN 978-7-5690-3845-3

　Ⅰ．①引… Ⅱ．①陈… ②卢… Ⅲ．①大学生－学生
生活 Ⅳ．① G645.5

　中国版本图书馆 CIP 数据核字 (2020) 第 172163 号

书　名	引领·竞逐·共进——"大川小思"朋辈有效学习攻略
主　编	陈　森　卢　莉
出　版	四川大学出版社
地　址	成都市一环路南一段 24 号（610065）
发　行	四川大学出版社
书　号	ISBN 978-7-5690-3845-3
印前制作	成都完美科技有限责任公司
印　刷	成都金龙印务有限责任公司
成品尺寸	175mm×240mm
印　张	10.5
字　数	157 千字
版　次	2020 年 10 月第 1 版
印　次	2020 年 10 月第 1 次印刷
定　价	42.00 元

◆ 读者邮购本书，请与本社发行科联系。
　电话：(028)85408408/(028)85401670/
　(028)86408023　邮政编码：610065
◆ 本社图书如有印装质量问题，请寄回出版社调换。
◆ 网址：http://press.scu.edu.cn

四川大学出版社
微信公众号

编委会

前　言

很欣慰看到这样一本朋辈学业分享小册子的结集出版。

这是有担当、有情怀的学长学姐送给川大新人的一份学习厚礼。它凝聚着川大优秀学子的成长智慧，"如切如磋，如琢如磨"，意在以活泼亲切的方式，引领和帮助学弟学妹走好大学之路，展现了我校学生互帮互助、团结奋进的良好学习风貌。

学习是大学生最核心的任务，学业发展是大学生全面发展的基础。刚迈入大学的学生普遍对未来的学习感到迷茫，一些学生对"为谁学，为什么学，学什么"等问题认知模糊，学习内生动力不足，还有一些学生则存在学业规划不明、学习方法欠缺、学习习惯不佳等学习问题。如何帮助他们尽快适应大学节奏，引导他们顺利进入大学学习状态，是大学应该认真思考的。

当前，我国高等教育正从大众化阶段迈入普及化阶段，承担着世界上规模最大的高等教育任务。一方面，由于招生类型、地域背景和家庭环境的不同，越来越多的学生在课程学习中表现出各种各样的不适应。另一方面，大学教育对学生的研究能力、分析能力和快速学习新事物的能力要求较高，而这些能力在基础教育阶段未得到充分全面的训练，这中间的群体性、个性化的差距需要弥补。多样化的学生学习问题需要高校持续提供多样化的学习指导和帮助。

同时，世界新科技革命和产业变革的时代潮流对全球高等教育提出了新的要

求。站在全球变革和中华民族伟大复兴的历史交汇期，我国高等教育积极应变，努力与时代同频共振，提出了"提高人才培养质量"是新时代高等教育所有工作的主题和目标，扎实践行"教育服务中华民族伟大复兴"的使命。教育部于2019年印发《关于深化本科教育教学改革　全面提高人才培养质量的意见》，明确要提升学业挑战度，要建立健全本科生学业导师制度，要让"学生忙起来、教师强起来、管理严起来、效果实起来"。同年9月，教育部部长陈宝生也在全国高校辅导员优秀骨干培训班开班仪式上指出，辅导员要做教师教学和学生学习的助手，加强学习辅导工作。"混大学"将成为历史，大学进入"严"字当头的时代。高校如何帮助大学生正确学习，成为这个"严"字当头时代的关键问题。

为贯彻落实国家和教育部门关于提升高校人才培养质量的决策部署，在高等教育深化改革和国内高校学生学业指导工作蓬勃发展的新形势下，围绕我校"双一流"建设中一流拔尖人才培养这一核心目标，我校党委学生工作部在调查研究全国高校学业指导工作的基础上，于2019年6月组建了"思学工作室"，专注探索开展本科生学业指导工作，以满足新时期学生学习发展指导需求，为本科生学业发展提供专业化和个性化的指导与服务。工作室组建了导师团队，由校党委副书记，教务、学工部门工作人员，学院负责人和辅导员共40人组成。同年11月，选聘了约30名优秀学生组成朋辈导师团队（简称"大川小思"）。两支导师队伍以一对一咨询、学业分享推文、日常答疑、团体辅导等多种方式，为有需求的学生开展学业指导，得到了师生们的广泛好评。

导师们在工作实践中，积累了一些学生普遍关心的共性问题。我们将一些学长学姐现身说法的学业指导工作成果进行梳理，从零散的朋辈学业指导工作案例中总结出系统的、可资借鉴的大学学习指南，汇编成册。开篇的"青春留言板"集中了学长学姐最想对学弟学妹说的话，是他们对大学生活最深切的感悟；"基础课学习篇"是数学、英语学霸总结的大学两门最重要的公共基础课的学习方法与技巧；"学习效能篇"从时间管理、记笔记、与导师沟通三方面，讲解了提高大学学习效能的三大法宝；"学业提升篇"则是学科竞赛高手、保研名校准毕业生、考研达人们的学习智慧结晶，为学弟学妹们朝不同的学业方向发展保驾护航。相信在学长学姐的指引下，同学们保持积极的学习心态，找到适合自己的大学学习方法，就能不断提高学习效能，为走向更为广阔的人生舞台积蓄能量。"学贵得师，亦贵得友"，衷心感谢"大川小思"这些亦师亦友的朋辈导师们！

这本小册子，是我校学生思想政治工作队伍将满足新时期学生多元化、个性化的学习成长需求融入深入细致的思想政治工作中，探索新工作领域迈出的重要一步，是我校学业指导工作探索实践的抛砖引玉之作。下一步，还需要全校师生积极参与，群策群力，共同探索创建有川大特色的、促进学校人才培养质量大力提升的学业指导工作体系。

最后，希望同学们向优秀的学长学姐学习，秉承"海纳百川，有容乃大"和"严谨、勤奋、求是、创新"的川大精神，以勤谨治学的态度和为国为民的情怀，阔步向前，放飞梦想。

衷心祝愿同学们学业有成，宏图大展，继往开来，书写新时代华章！

编者
2020 年 5 月

目　录

关于"大川小思"

2019 年 6 月，四川大学党委学生工作部（处）成立"思学工作室"，探索开展本科生学业指导工作。工作室先后组建导师和朋辈导师两支核心工作队伍，"大川小思"即为思学工作室朋辈导师团队的简称。"大川小思"建成于 2019 年 11 月，由在全校公开招募、选拔的学业优秀、乐于分享的同学组成。目前，"大川小思"分为数学组、英语组、升学组、竞赛组、学习效能组、宣推组等多个组别，以"朋辈携手，共赢成长"为宗旨，为有不同学业需求的同学提供公益性的辅导和帮扶服务。

2020 年寒假，新冠疫情爆发，初创的"大川小思"因势而动，迅速建立线上平台，以一对一咨询、团体辅导、问卷答疑、经验分享等多种形式，为宅家抗疫的川大学子解答学业上的疑惑，用同学的方式关心小伙伴的学习情况，解决其成长烦恼。活动开展以来，在川大师生中反响良好。

"SCU 思学"微信公众号　　　　"大川小思"信息发布 QQ 群

"大川小思"的小导师们深得学习之法，明晓生活之道，有情怀有担当，有品格有思想，始终秉承"助人自助"理念，引领和帮助更多同学在大学学习中收

获进步，赢得成长。每一名"大川小思"的小导师，都愿意倾尽才华和心力，不断开拓更具创新性、更活泼有趣的朋辈辅导方式，为大学学习路上的同行者点亮灯盏，助同学们找准方向，告别迷茫。

"大川小思"小组简介

英语组

赵一凡　白钊远　王若曦　潘　琪　石心怡

英语组成员分别来自华西口腔医学院、吴玉章学院、经济学院及华西公共卫生学院，都曾在大学生英语竞赛、四六级考试、雅思考试中取得优异成绩，对英语学习有着独到的方法和体悟。小组围绕英语日常学习能力提高及四六级、雅思、托福应试能力提高共四个模块，为同学们提供细致走心、活泼生动的辅导咨询。

"大川小思"
英语咨询
QQ群

我们希望能用自己的知识和经验，帮助学弟学妹们提升英语能力，会通中西，成为"英语小能手"。积极参与我们的活动，让我们"growing together"！

数学组

胡　川　刘佳琳　杨秋瑜

数学组目前有3名成员，其中2名来自经济学院，1名来自数学学院和经济学院数经创新班。组内有推免北大的优秀学长，有全国数学竞赛一等奖和国家奖学金得主。我们在保持好成绩的同时，也在各类活动和竞赛中大显身手。一对一咨询、在线题目解答、团队共同答疑都是我们的日常活动。不管是交流数学学习的方法与窍门，还是分享学习资源，抑或是剖析、解读具体题目，我们都会倾尽全力。

三个不同年级但同爱数学的"经济人"，三种不同的火花，就这样碰撞在一起。欢迎学弟学妹和我们一起感受数学的独特魅力，点燃对数学的"如火热情"!

学习效能组

徐　嘉　郭怡琳　李晚秋　姜雨孜　于世博　张　彤　刘莫辰

学习效能组包括时间管理组、记笔记组以及与导师沟通组三个小组，成员分别来自华西口腔医学院、计算机学院、公共管理学院、轻工科学与工程学院、吴玉章学院、商学院和艺术学院。组内既有获得国家奖学金、国家励志奖学金的学霸，也有四川省优秀毕业生、四川大学百佳学生（优秀学生干部）、四川大学优秀毕业生、四川大学优秀学生、四川大学优秀学生干部、四川大学优秀团干部等荣誉得主。

时间管理小组的咨询方向主要是学习与学生活动的平衡以及日常时间管理等。记笔记小组侧重于学习能力的提升和方法的完善，尤其善于总结笔记记忆的窍门，以帮助同学们提升笔记记录速度、改善笔记质量。与导师沟通小组主要负责与导师联系、沟通、相处等相关问题的咨询和指导，帮助同学们建立沟通所需的自信和勇气。

我们享受学习，享受生活，助你"玩得转"笔记，"hold住"时间，"跟得上"导师。希望小伙伴们持续关注我们开展的活动，提升学习效能，遇见更好的自己!

升学组

刘洪铭　张鹏飞　徐　婷　庄晓怡　沈海波　李伟宇　袁　炸　梁　锐　董映显

升学组由保研组和考研组组成，现有9名成员，分别来自物理学院、经济学

院、文学与新闻学院、吴玉章学院、生命科学学院、数学学院、高分子科学与工程学院、机械工程学院以及华西临床医学院。组内有国家奖学金、国家励志奖学金、唐立新奖学金和四川大学奖学金获得者，有专业排名第一的"大佬"，有"大创"（即大学生创新创业训练计划）国家级立项、"小挑"（即"创青春"全国大学生创业大赛）省级金奖以及全国大学生英语竞赛三等奖得主，更有四川大学百佳学生（标兵学生、标兵学生干部、优秀学生）、四川大学优秀学生、四川大学优秀毕业生以及四川省优秀毕业生等。

保研组主要提供有关保研的咨询，解答保研前期准备工作（基本流程、申请资料、择校、自我定位）、校内推免、各大高校夏令营以及保研相关的笔试面试技巧等方面的问题。

考研组旨在为川大考研学子提供全程的复习辅导以及心灵鸡汤，为大家的考研之路保驾护航。我们希望通过考研讲座、答疑活动、一对一咨询等多种方式，帮助越来越多志在考研的学弟学妹走出困惑，走向成功。

"大川小思"
升学咨询
QQ 群

我们是一个朝气蓬勃的团队，每一位组员都渴望用自己的热情、真诚和经验去帮助每一位积极上进的学弟学妹。"研"路有我，温暖前行。欢迎各位学弟学妹关注我们，让我们一起踏上逐梦的旅途，共创未来！

竞赛组

唐彬鹏　张凯凡　林润基　王兆基　黎家伟

竞赛组现有 5 名成员，分别来自经济学院、商学院和吴玉章学院，专业横跨文、理、工三大类。组内有国家奖学金获得者、创业公司拥有者、吴玉章学院学生会主席、四川大学百佳学生（模范学生），同时，"大创"国家级立项、"大挑"

（即"挑战杯"全国大学生课外学术科技作品竞赛）金奖、"互联网＋"（即"互联网＋"大学生创新创业大赛）金银奖得主，以及数学建模竞赛、数学竞赛、英语竞赛等竞赛获奖者更是齐聚本组。

"大川小思"竞赛咨询QQ群

　　因为具备丰富的专业背景，我们可以提供的竞赛咨询种类多样，对大学生创新创业类竞赛（"大小挑""互联网＋""大创"等）、数学竞赛与数学建模竞赛、英语类竞赛、计算机类竞赛等均有涉及。我们不定期举办竞赛主题分享活动，每周进行一对一咨询服务。我们除了想为你的竞赛之路提供帮助，更想和你一起探寻大学学习的乐趣；不求能彻底打通你的"任督二脉"，但求能以过来人的身份带给你一些启发。我们期待着与各位学弟学妹共同努力，挑战自我，"赛"出精彩。

宣推组

易思思　罗　睿　容东霞　史　晨

　　宣推组由4名来自文学与新闻学院的大一大二同学组成。小组主要负责微信公众号的运营（包括文稿撰写、图文编辑、内容发布等）以及其他宣传推广工作，致力于为初创的"大川小思"团队贡献才思智慧，让更多的同学能够与"大川小思"相逢相知，从而收获帮助，赢得成长。

　　热情、耐心、创新创造、奇思妙想……我们持生花妙笔，展非凡才情，与"大川小思"一起，奋进偕行。

青春留言板

大学四年，应该以什么样的心态对待自己的学业？

除了学习，我还将面临什么样的机遇与挑战？

应该怎样度过大学生活，才算不负青春，不虚此行？

…………

大学，究竟是一个什么样的所在？

刚进入大学的你，是否对未来的大学生活充满了以上种种困惑？不必忧心，亦不必焦虑，"大川小思"的学长学姐们，已经把成长路上经历过的点点滴滴，希望对青春大学生诉说的知心话语，都写在了你面前的这张留言板上。只要你细细阅读，必有所悟。

虽性情各异，思虑万殊，但我们心意相通，皆愿以纸笔为帆，哲思作桨，与你同游学海，共赢未来。

一、以什么样的心态面对大学的学业？

学习、学习和学习，重要的事情说三遍（张鹏飞　于世博　胡　川）

在电影《这个杀手不太冷》中有句经典的对白。玛蒂尔达问莱昂：

"生活是否永远艰辛？还是仅仅童年才如此？"莱昂回答："总是如此。"把这句话放到学习上，也十分恰当。"需要一直努力学习吗？还是只有中学才如此？""总是如此。"

诚然，相比于中学时代，大学生活会有很多可以自己掌控的时间，没有人会来强迫你做任何事。我们也提倡在大学里不要把学习成绩作为衡量一个人是否优秀的唯一标准，但校内评优、毕业深造、社会求职等等，都把学业水平作为重要的考察标准。优秀的GPA（平均学分绩点）至少可以让你在未来升学或者就业时有更多选择，也代表着你对人生的一种负责任的态度。总有那么一天，你会发现，不仅是在线代、概统、微积分等专业课上学到的知识能帮助你解决难题，你认真听过的每一场讲座、每一堂课，都从不同角度拓展着你思维的广度和深度。

大学学习的本质（赵一凡）

在大学里，你不应该只是学到琐碎的知识点，而应有意识地构建一个学科、一个专业的思维方式和知识体系。拿医学举个例子，最后被构建起来的是一个系统的疾病网络，由流行病学、病因病理、临床表现、诊断、辅助检查、治疗与预后等一串知识构成其筋骨，由临床实习丰富其血肉，由医学人文学科圆满其灵魂。其他学科也基本同理，内在逻辑需要自己不断体会。学会学习，然后融会贯通，实现"专精"的目标，才是大学学习的本质。

"不挂科的大学不圆满？"（沈海波　杨秋瑜）

"没谈过恋爱的人生不完整""没挨过揍的童年不完整""没挂过科的大学不完整"……其实这种句式，怎么套用都可以。而逢人就灌输这些理念的人，可能是随口一说，也可能是借鼓吹这样的理念来拖慢别人

的步伐。然而，对你的人生负责的不是他们，而是你自己。挂科意味着占用假期时间再复习以备开学时的补考，意味着每星期奔波于不同校区重修课程，相当劳心费力。一定不要给自己"挖坑"，因为你永远不知道这个坑你后来要花上多大的代价才能填上。

"大学就是往死里学?"（张鹏飞　袁　炸）

学生的本职工作就是学习，大学生也不例外。大学是一个更大的平台，你会遇到更多优秀的竞争对手，确实需要敢于争先，拿出拼劲，逐步积累起自身的优势和自信。但是也要劳逸结合，明白学习也可以是开心的、满足的。如果带着兴趣、好奇和对知识的渴望去学习，往往能够达到事半功倍的效果，就不是机械地"往死里学"了。

有方法≠在学习（石心怡）

不要沉迷于甄选最棒的学习方法，看十篇"经验帖"也不如自己埋头苦学一小时来得实在。即便你是规划"小天才"，能研究出最高效的学习方法，但不投入实践，做的也是无用功。不必找"如果按规划的方法学习，我就是"top"了，只可惜当初偷懒"这样的借口，网络时代是信息爆炸的时代，学习资源太多了，持久的努力与专注更为重要。

严师·益友（王若曦）

其实，愿意布置作业，愿意用小测来"难为"我们的老师，都是很负责任的老师。对大家学业负责的老师是大学路上难得的良师，也有可能成为你能够对之倾诉心事的益友。作为一名大学生，应该明白只有自己能对自己负责，难得一位老师冲出来留心你的学业，还不快选他/她的课！

学业为大，效率第一（张鹏飞）

在进入大学以前，目标单一，学习效率的问题可能相对隐蔽。但来到大学后，你面临的是拥有大量可自由支配的个人时间却毫无外部约束的境况，也许你在图书馆坐一天，发现自己所完成的不过是专注一小时就能完成的内容，这就是效率低下的表现。除了学习，大学里还有各种各样的活动，你的时间也会比较紧张，只有提高效率，才能成为时间管理的"王者"。

久久为功，学在平时（徐嘉）

"平时松松爽爽，期末媲美高考"，这也许是很多同学的学习常态，但如果你想有扎实的专业基础和"好看"的成绩，那么，功夫一定要下在平时！大学里需要学习的知识很多，而且存在层次关系，如果前面的内容没及时掌握，就会出现"一步赶不上，步步赶不上"的窘境。一定要坚持课前预习、课后回顾、去图书馆查阅拓展资料……这样才能对所学知识印象深刻，并融会贯通。

成绩虽重要，过程价亦高（刘佳琳）

为什么学业这么重要？不仅仅是因为学业成绩重要，更是因为学习这个过程就很重要。进入社会的人，其实一直处于学习的状态，与学生的区别不过是不再有人在课堂上逐个传授知识点了。因此，在大学的学习过程中提升学习能力，形成批判思维、创新意识，将会使我们受用一生。成绩固然重要，但在过程中有所成长，亦不可少。

"功利心"与"无用之用"（庄晓怡　林润基）

许多刚进大学的同学都会问这样的问题：什么样的比赛含金量高？什么样的应试技巧能得高分？……这样的大学生活会不会因为过于"功

利"而缺乏精彩呢？学业永远是重中之重，但这并不意味着大学就只是为了取得眼下的成绩。如果事事都带着功利目标，那美好的大学时光未免过于黯淡了。"无用之用"，不是真无用，不过是眼下无用罢了。抽空思考自己的理想与追求，做一些影响长远的事情，这些经历都会内化成你的眼界、素养和能力，在未来的某一刻助你一臂之力。

问心无愧与"自我和解"（王兆基）

"人生就像一盒巧克力，你永远不知道下一颗会是什么味道"。你可能一直耕耘却颗粒无收，也可能会有一些意外之喜。如果你的每一分付出都能精确地转化为一分收获，那这个世界就太简单了。真正宝贵的是这一段记忆，尽我所能，无愧于心，足矣。

二、大学期间学到的最重要的"技能"

不能轻视专业知识，但又不能只学专业知识（徐　嘉）

回顾几年的大学生活，我发现大学与中学相去甚远。在中学里目标很明确，每天学习高考的科目，一切努力都是为了最后的高考。可是大学里要学习的远不止书本上的知识。除了学习专业知识，我们首先要培养自己独立生活的能力。此外，要逐步锻炼工作能力，为今后步入社会做好准备，还要培养一些兴趣爱好。这些都需要我们在学习专业知识之余，额外地、自主地去学习。

主动出击，获取资源和信息（李晚秋　徐　婷　董映显）

大学与高中相比很重要的一个不同点，就是资源和信息不会自己来"敲门"。我们要学会自主寻找并筛选学习材料，及时记录重要的 QQ 群消息，主动向老师表达想法并寻求帮助。教务处官网、学院官网以及一些志愿服务的网站更新的信息都需要自己定期了解。还可以提前向学长学姐寻求帮助，先把资料（包括题型、优秀笔记等）备好，这样期末复习时才能有条不紊。与其因为错过信息而懊恼，不如一开始就主动出击。

改变自己，可能会适应得更快（郭怡琳）

步入大学，与人交往、寻求团队合作是我们必须具备的能力。或许，你在没有找到那个真正适合自己的团队时，会感到郁闷与孤独，但请你不要因为外界不符合你的期许就选择抵触。调整好自己的心态，尝试使自己去适应环境，往往能够更有效地解决学习及生活中的困难。

011

懂得抗压，让心灵"轻装上阵"（唐彬鹏）

大学中种种压力的存在，难免会让我们产生焦虑。压力往往来自对未来的不确定感，以及对失败的恐惧。我们应该如何抗压呢？如果压力大到使自己无法正常学习了，不妨去找老师聊聊，到操场上奔跑几圈，与同学谈谈天，约好友看一场电影，彻底放松下来。我们一定要学会在压力下调节自己的情绪，让自己"轻装上阵再出发"。

提高"逆商"，学会面对失败（刘洪铭　张凯凡）

步入川大，有人满心欢喜，也有人心有不甘。无论是哪一种，都会面对未知的"游戏难度"。所谓"逆商"，就是应对逆境和失败的能力。我们在以往的教育中总是被教导如何去取得成功，而很少有人告诉我们要怎么面对失败。但是，在大学这样一个评价体系多元的地方，你一定要试着去明白自己不是全能的，也不会一直比别人优秀。所以，学会面

对失败，提高自己的"逆商"，做众多佼佼者中最坚韧的那一个，才能不负大学四年的青春年华。

正视不足，承认差异（姜雨孜 潘 琪 张凯凡 张鹏飞）

就像"世上没有两片完全相同的树叶"一样，世上也不会有两个完全相同的人。拥有不同的性格、不同的爱好、不同的思维，来自五湖四海的优秀的你们，齐聚在川大成为同学。每个人都有自己的优势和劣势，无法在所有方面都领先别人。在一所大学里，你必定会和比自己优秀的同学同场竞技，这也不可避免地带来竞争的压力。

心理学上常说，压力转化为动力的前提是"知限"。盲目地与他人比较，压力会陡然增加，但这些压力并不会有效地转化为动力。认识到自己的不足，制定切合自身实际的目标，在自己擅长的领域坚持做下去，压力才会转化为有效的动力。要学会与优秀的人同行，更要学会认识自己。

自学的"洪荒之力"（郭怡琳）

大学学习中，老师的作用往往只是引领，学生还必须通过自主探索才能全面掌握知识，取得好的成绩。磨炼出自学能力就意味着：无论世界如何日新月异，需要我们学习什么新技能，我们都可以主动去学，而且是马上开始——不需要等别人亲自教、在身旁带。这并不是说自学能力强的人什么技能都可以马上学会、立刻学好，而是在学习过程中能够和自己赛跑，最终超越自我，取得成功。拥有出色的自学能力，你会发现：只要愿意去学，你就能把握时代的脉搏，跟上它变化的节奏。

学长学姐——成功路上的"垫脚石"（刘洪铭 杨秋瑜 庄晓怡 沈海波）

俗话说，"前人栽树，后人乘凉"。主动向有经验的学长学姐请教，就可以在大学的成长路上避开各种"坑"。不管是某一门课的学习方法、每学期的选课情况，还是学习资料的获取，甚至理想与人生方面的建议等，学长学姐都可以提供给你。另外，由于新老校区距离较远，天然地削弱了川大低年级和高年级学生之间的联系，所以更要主动去联系优秀的学长学姐们。对于"萌新"而言，学长学姐能给你提供看待大学的全面视角以及许多事情的具体操作方法。我们川大的小哥哥小姐姐真的非常热情，他们已经摩拳擦掌，迫不及待地想要和你分享自己的心得啦，你还在等什么呢？

耐得住孤独，也要学会社交（张 彤 张凯凡 董映显）

在大学里，和高中那种很固定的班级不一样，你所在的班级是相对松散的。因此，你独处的时间必然会比较多，孤独也许不可避免。但请你学会享受独处时光，因为独处时正是提升自我的最佳时期。要想办法让自己变得更好，因为即使是在团队中，也是优秀的个体更容易绽放光彩、冲上云霄。

但人不是一座孤岛，大学期间你还要学会与人相处，与对的人相处。有一个良好的交际圈，会让你在大学期间省去很多烦恼。如果你有一项爱好或某种才艺，是很容易找到圈子的。你也可以加入一些学生组织，扩大自己的交际圈。

学习着坚持，坚持着学习（李伟宇）

纵览大学生活，许多同学到了高年级还会"东一榔头，西一棒子"地学习，没有长时间坚持的品质。不妨找几件简单的事或者必须做的

事，坚持做一段时间，记录下坚持过程中的心理状态变化，从中体验是什么影响了自己坚持的决心。"坚持"这一技能，真的不是只靠恒心和毅力就可以学会的，还需要一步步摸索，克服许多外界干扰，才能最终掌握。

援疑质理，善于提问（林润基）

"小朋友，你是否有很多的问号？"此话虽为调侃，却也引人思考。随着年龄的增长，我们往往会逐渐失去提问的能力，忘记了提问中蕴含的独立思考与批判精神。学会提问并不仅仅是为了得到答案，更是为了在提问的过程中学会思考，使我们能更全面地看待事物，找准问题的核心。每当我遇到困难或陷入迷茫，我都会先停下来问自己一连串问题，借此来理出头绪。例如："为什么六级考得不好？""因为你'裸考'了。""为什么我专门找了真题，还是'裸考'了？""因为你一开始看真题，手机就黏手呀！""我看其他资料的时候都没有这个问题呀，是备考的方法不对？""是！因为你没有看'大川小思'的备考小册子！"

尝试做一个提问者，当你在寻找答案的时候，答案也在寻找你了。

选择，无处不在（赵一凡　李晓秋　袁　炸　张鹏飞）

不论是日常选课，还是参加活动，乃至将来选择职业路径，人生无时无刻不在做选择。面对各式各样的选项，我们要通过不断尝试科研、比赛、社会实践等找到适合自己的发展方向，然后借助自己与家庭、学校和社会等的信息交互形成长远的规划。认清自己、找准方向后，再根据个人规划，倾听自己内心的声音，做出选择。一旦做出选择就请坚定地走下去，别总是回头凝望过去的那个岔路口。勇于选择，不怕犯错，敢于拼搏，每个人都会成为自己的英雄！

享受"延迟满足感"（于世博）

延迟满足感并不同于拖延症。无论是从学习、锻炼中，还是从睡觉、打游戏中，我们都会获得满足感，所不同的是，我们从睡觉、打游戏中获得的是"即刻满足感"，而从学习、锻炼中获得的是"延迟满足感"。长时间学习可能会有些无聊，在这一过程中可能会有更加有趣、更能带来即刻满足感的事情可以做，但也许就是我们每天比别人多学习的这一刻，让我们在考试中更加从容。不计较一时的得失，将眼光放长远，多做些能带来延迟满足感的事情，可能是我在大学期间所学会的最重要的"技能"。

"尊重"值千金（王兆基）

在川大这样一个一届将近一万人的学校，你可能会遇到许许多多的人和事。在一些问题上，不论你的想法是和别人一致还是有冲突，也不论你觉得对方是高明还是愚蠢，你都要首先做到尊重。这样，你才能放平心态去认真分析，去试图理解，去"求同存异"。人与人之间实现完全的理解是不可能的，但基于尊重，你至少可以听到不同的声音，避免很多争端，并在一些你过去觉得不可理解的地方，发现不一样的风景与光彩。

三、谈谈大学那些事儿

规划当趁早（梁　锐　张　彤）

步入大学，首先要对自己的人生有长远的打算，因为有了目标才能展开绚丽的大学生活画卷，做到落子无悔。学习目标包括成绩排名、本

科毕业后是深造还是就业、考取哪些证书等。在生活目标上，则要明白生活与学习是相辅相成的，在生活中锻炼自己的综合能力是很有必要的。

你不必急于在大学第一学期就明确目标，但一定要在明确目标的路上。许多同学到了高年级，会后悔当初的"偷闲"导致自己在一定程度上没有选择的余地。因此，尽早做好规划，别让自己的焦虑累积到最后爆发。将规划早早付诸实践，你会感受到完成阶段性目标后小小的满足。一个个阶段性目标累积到一起，成功也就成了一件水到渠成的事。

通识教育 vs 专业教育（姜雨孜）

每个大学生都有自己的专业，但学校也设置了一些看似与专业课关系不大的课程，这就是"通识教育"。本科教育的目的并非只是培养掌握某种技能的专业人才，更是要培养能独立思考的、有健全人格的社会公民。尤其是在大一大二阶段，通识教育能够帮助我们打开视野。不过重心还是应该放在专业课上，采用"求精为主，求泛为辅"的策略，毕竟专业知识才是你应培养的最核心的竞争力。

游戏，怎么玩？（梁　锐）

很多大学生都有打游戏的习惯，但是我想说的是，别让游戏成为你快乐的唯一源泉。要控制并压缩自己玩游戏的时间，等到你自己都想不起来要去玩游戏的时候，你会发现原来它的诱惑力也就如此而已。如果你控制不了自己，不妨好好想一想：你打得特别好吗？将来想打职业比赛吗？几年过后，你可能游戏打得不如别人好，还因为沉迷游戏而耽误了大把时间，以至于和小伙伴的差距越来越大，那时候你再悄悄地说一句"我要好好努力了"，真的不晚吗？

兼职，点到为止（徐　婷）

大学生活中，会有许多诱惑，兼职就是其中之一。大部分时候，从事兼职工作都被视为提前锻炼，为进入社会做准备。同时，大部分兼职工作都会提供一些报酬。但无论你多渴望经济独立，多想要解决自己的经济来源问题，都一定要记住，兼职不是大学生的本职，千万不能以学业为代价赚取兼职报酬。大部分针对大学生的兼职薪资并不会很高，并且会占据大量的时间。大学里不只要认真上每一节课，认真完成作业，还需要参加比赛、学习技能，时间真的很有限、很宝贵，需要我们好好珍惜。

四、学长学姐眼中的大学

迈出对自己负责的第一步（唐彬鹏）

古语云："穷则独善其身，达则兼善天下。"这句话其实暗含一个意思：不管我们是前者还是后者，都要先使自己强大。人生数十载，我们需要做一些正确的事让自己感到充实，知晓怎样才能有更好的生活。读完大学，至少要学会靠自己的"铁肩"担负起应有的责任。

高中很紧，大学就松了？（潘　琪）

还记得高中班主任的那句话吗？"高中很紧，大学就松了！"我读高中的时候，也幻想着上大学后可以每天睡懒觉、打游戏……但进入大学后我发现，身边的每个同学都在努力，都在往前奔跑。如果你还沉浸在那句话中，即使是和其他同学从同一起跑线出发，也会慢慢被甩开。勿要来日徒伤悲，从现在起，在大学中活得更充实一点吧！

更多尝试，更多体验（石心怡　刘佳琳　张鹏飞　李伟宇　王若曦）

迈入大学，可以说是踏上了人生的另一个起点。第一次离开故乡，第一次面对纷繁的抉择……其实大家的迷茫心理在一开始都是相似的。既然不知道要做什么，那就不要放弃任何一种可能。有争取机会的勇气很重要，并不是"资源多一点少一点无所谓"。在岔路口做出一个"不太费力"的选择很轻松，但错过的机会就再也回不来了。大学中我的几次珍贵经历都是因为当时抱着"想试试，失败了也没事"或者"本来想放弃，但还是再努力一把"的想法。回头来看，很庆幸自己勇于尝试了。前面的经历是争取后续机会的基础，看似毫不相干，实则一环扣一环。

大学是一个让我们多样化发展，平衡梦想和现实的平台，度过的任何一段时光都值得铭记。所以，不如多尝试一些人生的可能，积极参加比赛、社团活动、科研，不断探索自我，最终总会在纷繁的世界中找到属于自己的定位。

大学，又一次成长的机会（王兆基）

人的一生会长大三次。

第一次是在发现自己不是世界中心的时候。

第二次是在发现无论自己怎么努力，终究还是有些事令人无能为力的时候。

第三次是在明知道对有些事可能会无能为力，但还是会尽力争取的时候。

你在上大学前是否有过这三次经历？即使你一次都没经历过，在川大四年的生活中，你也一定会全部经历一遍——这，就是大学。

大学为你提供的最珍贵的东西是什么？（白钊远）

资源和平台。人生充满着无限的可能，而在川大，你拥有实现这些可能的非常好的资源和平台。你可以重拾兴趣爱好，加入各种社团组织，结识志同道合的朋友；你可以不断探索，图书馆的所有资源都向你开放，老师也乐于解答你的疑惑；你可以突破自我，掌握一门全新的技能，参加一场有挑战性的比赛。一定要积极探索，善于发掘和利用各种资源（例如，参加"大川小思"的各种活动），多向学长学姐请教，这样你一定会有很大的收获。当你走入社会，你会发现，你利用大学提供的平台和资源所取得的进步是你一生的财富。

字字句句，点点行行，诉不完来路风景，道不尽真意真情。

尺素虽有边，未来却无限。"大川小思"全体学长学姐，愿意在今后的大学时光里，始终与你携手，于岷山旁锦水畔，体悟成长，共度韶华。

愿：学海无涯同泛舟，四时读书皆乐景。

基础课

学\习\篇

第一章
学贯中西做"英"才

初入大学，不少同学会对英语学习产生困惑："英语在大学里重要吗？有什么作用？""要如何学习，才能有效提高自己的英语成绩？"不可否认，英语在大学阶段甚至未来都有重要的作用，日常口语交流、文献阅读、出国留学，英语技能都必不可少。大家在大学里需要学会自我管理，合理制订英语学习规划，努力提高自己的英语能力。下面，学长学姐们将从日常英语学习、四六级考试、雅思考试及托福考试四个方面谈一谈大学英语学习，希望能给新入学的学弟学妹们一定的帮助。

一、日常英语学习

英语学习，功在平时。对于英语不太好，或者还未找到适当学习方法的同学来说，英语就像一个你想去亲近却又不敢上前搭话的人。你若一直保持距离，英语也会冷冰冰地对待你。你若能主动打破僵局，每日都跟它套套近乎，慢慢地，你会发现它也会对你有所回应。若你在每一天的学习中抽出半小时到一小时花在英语学习上，坚持一年半载，至少在四六级考试中，你就能够看到明显成效。

学习英语有许多目的，将这些目的量化为各种分数指标，可能是四六级成绩，也可能是托福、雅思成绩，还可能是考研英语成绩等。刚入学的同学们可能对自己的目标并不明确，并且目标本身可能也在不断变动，但英语的重要性还是一直在被强调。下面学长学姐们就为大家提供一些日常可用的英语能力提升策略。

（一）听力训练

听力在我们的日常英语学习中起着助推器的作用。提高听力一方面可以提升我们与其他人交流的能力，另一方面可以帮助我们在各种英语考试中拿到一个较好的分数。同时，听力对于出国留学、交流等也是极其重要的。

听力训练重在对语感、语调、语音的练习。目前主流口音包括英音和美音，偏美音的可以听 VOA（美国之音），偏英音的可以听 BBC（英国广播公司）。建议每日早起后即可戴上耳机，洗漱时、去食堂的路上、吃早餐时，都可以进行泛听。每日可选择一则新闻进行精听。精听的含义是：对于一则新闻，在听的时候，以句子为单位，边听边将听到的内容写在本子上；如有未听清的，可返回再听，直到将一篇文章听写完毕；最后找原文来核对，看自己是否有拼写错误，或者在断句方面是否有问题。拼写反映出的是单词量和基本功，断句反映出的是语法水平和语感。每日练习，时常复盘，必有收获。

1. 推荐软件

①VOA Standard English：可以逐字逐句反复听，有中英文对照，可以跟读；篇幅较短，利用碎片时间即可听完一篇。

②TED：专题丰富，可以根据自己的专业选择感兴趣的演讲，拓展知识的疆域；比起日常口语，演讲语句经过精心雕琢，其句子的运用非常有借鉴意义，专

业名词多，有助于加深专业理解。

③每日英语听力：可以针对各种考试进行听力训练；有调速功能，避免"快的太快、慢的太慢"。

④BBC。

⑤省心英语。

特别提醒：选择1~2款适合自己的软件即可，不要贪多哦！

2. 练习方法

①不要当作音乐来听，而要当作任务来认真完成。

②专注，努力听懂每个单词和句子，对于毫无头绪的句子要回放重听。

③对照听力原文，找出自己未听懂的句子，梳理生词和复杂的句子结构。

④若还能抽出时间，可以每日积累生词，并结合句子记忆，这样效果更好。

（二）阅读训练

词汇当然是阅读的基础。学习单词，除了使用大家都很熟悉的各种单词软件之外，还可采用上面提到的借助听力材料学习的方法。单词学习比较简单，这里不再赘述。

由于我们每天专注于英语学习的时间非常有限，若是以训练自己的英语思维为目的，对于基础较差的同学而言，前期看一些简单的读物，有助于增强信心。比如国外的一些少儿读物或者中学读物，生词较少，比较适合大学生作为基础阅读材料来练习阅读，着重培养阅读速度和语感。有一定基础的同学，阅读的范围可以更广，比如英国的《卫报》、美国的《华盛顿邮报》等报纸，《时代周刊》（TIME）等杂志，以及国外部分网站中的文章，都可作为日常阅读材料。若涉猎英美文学，国外一些作家的作品笔法简洁，用词不太艰深，可以为日常积累而读，比如 Nicolas Sparks（尼古拉斯·斯帕克斯）的文学作品等。大量阅读是学好英文的一大"法宝"。同时，阅读是写作的基础，没有较大的阅读量，写作时是难以找到充足素材的。

那么，什么是英语思维呢？那些以英语为母语的人，当他们看英文的时候，出现在他们脑海里的到底是什么？答案其实很简单，和我们看中文是一样的。我们平时无论是看中文还是听别人说话，都会有这样一种感觉：尽管还没看到或听到后面，但隐隐约约地知道后面会说什么。这种能力，简称为"anticipation"，或者是"expectation"。因此，阅读的时候，看到每一个段落、句子、短语甚至每一个单词，都应该思考：作者为什么用这个单词，有什么目的？这个单词（或者句子等）对文章的展开到底有什么作用？这样才有利于养成英语思维。

（三）写作训练

英语写作需要综合运用词汇、语法以及表达等各方面的储备。想要写出好的作品，还需注重主题和逻辑。若想全面提升英语能力，平时经常被我们忽略的写作训练其实很重要。我们可以从以下几个方面入手：

1. 阅读积累

养成收集好句子的习惯。平时看到优美的句子，或者在新闻、杂志里使用频率很高的句子、句型，可以摘抄下来，利用空闲时间在脑子里"回放"，并尝试套用在写作中。对于专有名词、常用表达要重点积累，并在自己的写作中尝试套用。

2. 模仿练笔

模仿是学习的第一步。套用自己喜欢的文章的结构写一篇文章，或是改写一首诗，可以极大地增进你对文章和写作的理解。这一点从应试的角度来看也屡试不爽。同时，可以将你的练笔文章发给老师或者英语水平较高的同学，请他们修改，如果有条件甚至可以请母语使用者（native speaker）看看，认真思考他们指出的问题以及改进的建议，这样你的英文写作水平会产生质的飞跃。

3. 英文日记

把每天发生的事有逻辑地、清晰地记录下来。不用太长，遇到难以表达的细节，努力用已经掌握的表达方法表述。学会细化，详细记录事情的细节以及自己的感受。不断地修改，让自己的表达更准确。

(四) 口语训练

我们总能发现这样一种现象：大部分中国英语学习者，都认为自己的口语不好，并将原因归结为在之前的学习中不重视口语，没有语言环境，等等。且不说出国学习和从事许多工作都需要一定的口语能力，单说我们学了这么多年的英语，心里也一定向往着能用英语侃侃而谈。坊间总是流传着某人到国外生活三个月，回国后英语水平秒杀英语专业学子的传说。不论其真假，单说国外的英语环境，确实对提升口语水平很有帮助。以下建议便围绕着如何模拟英语环境而提出。

1. 每天用 10 分钟和朋友进行英语对话

这里有两个关键词，"每天"和"对话"。10 分钟不算长，但日积月累，效果却很惊人，这个道理不必赘述。对话体现的是互动：在自己表达时，可以锻炼英语表达能力和逻辑思维能力；听别人表达时，可以锻炼自己的理解能力，同时灵活应变也正是口语中非常重要的一部分。此外，与朋友对话也能起到督促自己每天训练的作用，还能增进与朋友的联系，何乐而不为？需要注意的是，对话节奏要紧凑，不要"纵容"自己的口水话和磕磕巴巴，要让大脑快速反应，尽量提早一点组织语言。如此，你便能感觉到自己每天都在表达流畅度和语句用法上有所提高。

2. 训练自己用英语思考的能力

训练自己用英语思考的能力，有一个很好的办法便是练习自己与自己对话。

当你稍有空闲又不方便大声说话时，可以在脑海里用英语思考问题，或者针对某一件事用英语来说服自己。养成用英语思考的习惯，有助于提高口语表达的流畅性，从根本上解决英语表达欠佳的问题。这个方法的优点在于其运用不受时间和地点的限制，是一个值得掌握的好方法。

3. 用英语讨论微博热搜等多种话题

通过长期的英语学习，我们已经掌握了不少词汇和句式，甚至记住了许多很精妙的地道表达，但我们常常会觉得口语表达词不达意，不能精准地传达自己的意思。如果可以试着用英语讨论微博热搜话题，试着描述一件曾经让你产生复杂情绪的事，或者向别人传达你对于未来工作、生活的设想，看看是否能描述清楚自己的感受或者脑海中的意境，无疑是一种非常好的口语训练方式。要知道，避免了别人的误解也就是精准表达了自己的思想。

4. 影子练习法（shadowing）

但凡在网上搜索口语训练的相关信息，都能看到"影子练习法"这种方法。影子练习法指的是滞后于音频原声的跟读，使我们发出的声音如同原音频的影子一样。这种方法不仅能有效提升听力、口语水平，对我们的短时记忆力也是一种很好的锻炼。此方法有两个要点：一是要不断跟读，培养语感。切忌跟录音跟得太紧，那样难度就会太低，很难达到效果。二是进行复述表达。很多时候我们能够跟读，但是读完就忘了刚刚说了什么。对这一问题，我们可以通过复述练习来改善，比如跟读三句后停下来，试着用英语复述，熟练后也可尝试以记笔记的形式达到手脑同步。亲测有效，快快"种草"！

客观来讲，以上建议很难全部做到，且每个人在英语方面的薄弱点也各不相同。因此，同学们需要制订科学的计划，有针对性地选取几个方式坚持下来，养成习惯。

二、四六级考试（CET）

（一）考试简介及题型分布

谈到大学期间的英语考试，四六级当之无愧居于"C位"。四六级成绩不仅是个人英语能力的证明，也是未来读研深造、就业时的"敲门砖"之一，重要性不言而喻。

大学英语四六级考试是教育部主管的一项全国性的英语考试，是一场大规模标准化的考试，是一个"标准关联的常模参照测验"。作为一项全国性的考试，它由教育部高等教育司主办，分为四级考试（CET-4）和六级考试（CET-6）。四六级考试每年举行两次，且时间基本固定，即每年6月和12月第三个星期六，其中四级在09:00—11:20考，六级在15:00—17:25考。总分均为710分。

具体题型及分值见表1-1。

表 1-1　大学英语四六级考试具体题型及分值

试卷结构	测试内容		测试题型	分值比例		考试时间	
	四级	六级		四级	六级	四级	六级
写作	写作		短文写作	15%		30分钟	
听力	短篇新闻3段	长对话2段	选择题（单选）	7%	8%	25分钟	30分钟
	长对话2段	听力篇章2篇	选择题（单选）	8%	7%		
	听力篇章3篇	讲座/讲话3篇	选择题（单选）	20%	20%		

续表

试卷结构	测试内容		测试题型	分值比例		考试时间	
	四级	六级		四级	六级	四级	六级
阅读理解	词汇理解		选词填空	5%		40分钟	
	长篇阅读		匹配	10%			
	仔细阅读		选择题（单选题）	20%			
翻译	段落汉译英		段落翻译	15%		30分钟	
总计				100%		125分钟	130分钟

　　在此，我们附上最新的四川大学英语课程免修规定（见表1-2，供2019级及以下年级使用），供大家更直观地理解四六级成绩所对应的英语水平。

表1-2　四川大学英语课程免修规定（2019版）

考试项目	分数	可免修的大学英语课程		大学英语课程免修成绩
CET-4	610～629	大学英语1～2	基础英语写作1～2	85分
	630～649	大学英语1～2	基础英语写作1～2	90分
	650～710	大学英语1～2	基础英语写作1～2	95分
CET-6/TOEFL/IELTS/GRE	570～589/79～93/6.5/314＋4	大学英语1～4	基础英语写作1～2 学术英语写作1～2	85分
	590～609/94～101/7/317＋4.5	大学英语1～4	基础英语写作1～2 学术英语写作1～2	90分
	610～710/102及以上/7.5及以上/320＋5	大学英语1～4	基础英语写作1～2 学术英语写作1～2	95分

（二）考前准备方法

1. 词汇部分

　　词汇的重要性被很多人低估了。很多同学都觉得备考四六级基本可以靠"刷

题",四级甚至可以靠"啃"高中老本通过,从而忽视了单词的积累。但其实很多时候,我们在听力、阅读以及写作方面遇到的问题,其内在症结都是词汇积累不到位。以四六级听力为例,与托福、雅思不同,它基本不会以口音或者环境背景音等设置障碍,连读和吞音等语言现象也不会严重到影响听懂的地步。很多时候"听不懂",其实是单词没掌握,或是对一个单词的发音不熟悉,以至于无法在大段的语料中及时反应过来。

对于英语应试而言,我们可以简单地将词汇分为三个层次:阅读词汇、听力词汇和写作词汇。也就是说,最基本的层次是认识单词,知道是什么意思;然后是明确发音,知道怎么读,听到后能反应过来;最后是会拼写、会搭配、会在合理的语境下正确表达。当然,还可以有更高级的层次,比如涉及这个词的文学拓展等。

(1) **怎么记单词**?

①四六级核心词汇,也就是单词书、App 上常见的"四六级核心××词",或四六级考试大纲中的词汇,应按写作词汇的要求来掌握,并一定要熟悉发音(在背单词时放出标准发音,同时自己念出声)。

②在背单词时,除了机械记忆,最好试着用单词造句。虽然最初尝试时会感到有难度,但习惯这种方式后会极大地增强记忆效果。

③平时可以使用 App 背单词,考前再用实体书快速过一遍。前者的优点在于方便快捷,复习频率设计合理,还自带发音、例句等;后者则更有针对性,会突出重点词汇。

④在使用 App 背单词时可以尝试单纯"听懂"(即先听,不看原词拼写),从而训练自己对单词语音的掌握,明确单词发音的细节,比如重音等。

⑤背单词的最后一个原则在于重复和落实。在考前两周左右,把所有单词快速过一遍,能极大地增强对四六级词汇考查内容的熟悉度,对形成行云流水般的做题感很有帮助。另外,"刷题"时在真题试卷里遇到的生词,只要不能明确说

出含义的，也可以全部记到一个本子上，考前再过一遍，以便查漏补缺。

（2）**如何了解自己的薄弱点**？

很简单，拿两套四六级真题，找个安静的环境，给自己定时，模拟考一下，然后批改（作文部分主要看自己写得顺不顺）。在做题过程中感到困难的、花时间多的、最后得分低的、易错的，就是自己的薄弱点。

应根据自己的薄弱点及其分值比重，合理安排考前复习侧重点和时间。复习计划要提前3～4个月开始实施，以确保有充足的时间进行系统训练。可在每周六（与考试时间一致）用真题进行模拟考，这样可帮助自己提前进入考试状态。

2. **听力部分**

四六级听力应试要注意几点：

（1）**用好真题**

应尽可能在定时、安静、专注的"考试状态"下完成整套真题。真题是最接近实际考试出题风格和难度的，能让你真切地体会到四六级听力考题的设置思路和常考点，明确做题时应该注意捕捉的关键信息。另外，定时完成真题还能最大限度地模拟考试，培养做题的节奏感和专注度，免得因为考试时"只听一次"而紧张，影响发挥。对于错得多、做起来很困难、当时没听懂的真题，还可以拿来作为精听材料进行听力训练。

（2）**日常训练＋冲刺期强化训练**

根据学长学姐的经验，考前冲刺期最好提高精听的比重，比如以前是一周两次，现在就可以增至每天一次或两天一次。

（3）**巧用小程序**/App

表1-3列举了一些可帮助英语学习的小程序/App以及常用的听力资源。它们不只能为四六级应试服务，更能成为日常英语学习的一部分，同学们可以根据自身情况选择。

表 1-3　可帮助英语学习的小程序/App 及听力资源

小程序/App 名称	常用听力资源	备注
每日英语听力	精听/泛听， BBC 6 Minute English（简单）， CNN Student News（进阶）， VOA Standard（较难）， 精听党课程（有声书）， *Harry Potter* 全系列（泛听）	大部分功能免费，精听党课程（精听有声书）收费；VIP 无广告，有下载特权
开言英语	App 自录的课程	收费，年费较贵，但有返学费计划
扇贝听力	BBC 6 Minute English， 各种有声书	免费内容较多；有会员专属内容和收费课程
小站托福	TPO 听力，科学美国人，听力文摘	全免费；侧重托福考试
留声英语	5～10 分钟视频精听课程	收费，部分返学费（属于扇贝听力子课程）

3. 阅读部分

阅读部分的备考，功夫应下在平时。对于平时积累丰富的人来说，阅读部分是四六级考试中的得分利器。

（1）平时积累的方法

平时积累的方法很多，可以阅读英文原版书，可以从专业需求出发读文献，也可以参加各种付费/免费的文章精读课程。对于英文原版书的选择，建议从自己的兴趣和词汇量两个角度出发。想要扩大四六级词汇量，读 *Animal Farm*（《动物庄园》）会比读 *The Great Gatsby*（《了不起的盖茨比》）合适很多。太难的文本会极大地削弱坚持的热情。

另外，对于爱用 Kindle 阅读电子书的朋友而言，亚马逊商店有很多免费的英文原版书，狄更斯、简·奥斯汀、莎士比亚等差不多都有全套，再加上用

Kindle查询单词也方便，不妨用 Kindle 多读些英文原版书。

总而言之，对于阅读题，应该有意识地确立自己的目标，尽快降低错误率，将之变成能有效得分的板块。

（2）**阅读题应试技巧**

①选词填空题算是阅读板块失分率比较高的题型了，对此可进行有针对性的专项训练，将每次错的词连同其常见短语搭配，以及词典上的例句都记录在小本子上。

②段落匹配题可以先看选项，再看原文，以提高做题效率。至于传统形式的选择题，只要词汇过关，同时学会分解长难句，难度并不大。

4. **写作和翻译部分**

写作是一种输出。要想真正提高写作水平，根本在于要有足够的输入。也就是说，要注重对词汇的应用和阅读的积累，然后在此基础上进行训练，写作才能有比较明显的提升。

（1）**日常摘抄**

平时要有意识地积累好词好句好表达，最好是那种"我也可以这样用"的句子。可以专门用一个笔记本来记录。在"印象笔记"App 里也有个"笔记本"可专用于英语句型和词汇的积累。

（2）**总结真题**

针对写作，浏览过往所有真题，做一个简单的总结，便会发现一些较为固定的主题和写作思路。学弟学妹们可以尝试进行各种主题的专项写作，比如校园生活、求职就业、环境保护，从而在短时间内形成完整的写作思路和逻辑框架。

（3）**词汇储备**

在考前一到两周，针对翻译，可以整理一些常见词汇，特别是传统文化类的专有名词等；也可以参考一些网上的资料。不过切记不要迷信押题。

（4）勤加训练

如果要练习写作，可以先进行不限时间的写作表达训练，精心打磨单词和句型。但是到了考前，一定要进行严格定时的写作训练。对于应试，时间的把控非常非常重要。

其实，定时的最终目的只有一个，就是尽可能地培养考试的紧迫感和节奏感，让平时的训练能达到模拟的效果。各位学弟学妹都是通过高考选拔出来的人才，在应对考试方面其实都是训练有素的。

这里再强调一点：四六级考试中，写作是第一部分，并且是限时写完就收卷的，因此，写得流畅、写得让自己满意，对于在整场考试中保持心态平稳至关重要。

5. 口试部分

四六级口试是最近几年新增的考试项目，目前仍是选考项，但每年的政策可能有所变化，同学们应注意。另外，四六级口试是在笔试的基础上报名的，不可以单独报名。口试方式为半机考（第二环节存在随机匹配考生）。考试内容见表1-4和表1-5。

表 1-4　四级口试内容

部分	内容	考试过程	答题时间
1	自我介绍	根据考官指令，每位考生做一个简短的自我介绍	每位考生发言 20 秒，全程约 1 分钟
2	短文朗读	考生准备 45 秒后，朗读一篇 120 词左右的短文	每位考生朗读 1 分钟，全程约 2 分钟
3	简短回答	考生回答 2 个与所朗读短文有关的问题	每位考生发言 40 秒，全程约 1 分钟
4	个人陈述	考生准备 45 秒后，根据所给提示做陈述	每位考生发言 1 分钟，全程约 2 分钟
5	两人互动	考生准备 1 分钟后，根据设定的情景和任务进行交谈	两位考生互动 3 分钟，全程约 4 分钟

表 1-5　六级口试内容

部分	内容	考试过程	答题时间
1	自我介绍和问答	先由考生自我介绍，然后回答考官提问	自我介绍 20 秒（依次发言），回答问题 30 秒（两位同学同时进行）；全程约 2 分钟
2	陈述和讨论	考生准备 1 分钟后，根据所给提示做个人陈述；两位考生就指定话题讨论	个人陈述 1 分 30 秒（依次发言），两人讨论 3 分钟；全程约 8 分钟
3	问答	考生回答考官一个问题	每位考生发言 45 秒（两位同学同时进行）；全程约 1 分钟

　　从四六级口试的内容来看，自我介绍、短文朗读等部分都可以提前准备，话题的难度都不是很大，要注意的是流利度。考生可以携带笔和白纸，以便记录下自己的思路。

　　自我介绍是整场口试的热身，可以简单介绍一下自己的名字、籍贯、学校、性格、爱好等。在考试过程中，此部分没有准备时间，考生最好在考前写好自我介绍，并熟练背诵。

　　对于陈述题，考生可在准备时间内打个草稿，写下自己的思路，重点表明自己的观点或解决方案。两位同学为一组，标记为 A 的同学先发言，标记为 B 的同学后发言，因此，B 同学有更多的准备时间。

　　两人讨论部分，应先确定自己针对话题想表达的中心思想，在纸上记录几个核心词。与搭档相互配合时，可以采用问答式，也可以由两方分别表达自己的想法。应尽量活跃一下气氛，不要有长时间的暂停。平时可以找同学进行模拟对话练习，培养良好的对话技能。此外，平时应注意积累常见话题的素材，以提高应对不同场景和话题的能力。

　　最后想强调的是，四六级口试测试的是英语口语表达和交流能力，因此，在日常英语学习中进行持之以恒的口语训练，才是应对四六级口语考试的根本方法。

三、雅思考试（IELTS）

（一）考试简介及题型分布

雅思即 IELTS，中文全称为国际英语语言测试系统。雅思考试是由英国文化教育协会、剑桥大学考试委员会和澳大利亚教育国际开发署共同举办的国际英语水平测试。2020 年雅思考试费上调至 2170 元，用于英国签证及移民的雅思考试费为 2220 元。成绩有效期为两年（从考试日期开始计算）。每月都有多次考试，可在官网（https://ielts.neea.cn）查询具体考试日期。如果确定参加考试，最好提早选择考试日期与考点并缴费报名（川大望江校区即有雅思考点；若在假期，非成都本地的同学也可以选择更熟悉的家乡考点参加考试），以免无法在预定时间参加考试，影响后续安排。

按用途分类，雅思考试分为培训类（General Training）和学术类（Academic）。培训类多适用于移民；学术类多适用于留学，也是本书介绍的重点。

按模式分类，雅思考试分为机考模式和纸笔模式。机考模式的优点是：成绩公布更快，口试安排更紧凑，考试日期和场次更灵活，报名时间更充裕。纸笔模式更符合大家从小参加英语考试的习惯，因此是多数考生的选择。纸笔模式的考生通常可以在笔试后第 13 天登录教育部考试中心雅思报名网站个人主页查看考试成绩，而机考模式的考生通常可以在笔试后 5～7 天查看考试成绩。如遇公共节假日则可能顺延。考试成绩以最终收到的成绩单为准。

考试全程约为 2 小时 55 分钟，分为口语、听力、阅读、写作 4 个部分。听力、阅读、写作在同一次考试中进行，口语考试则需另外预约。各部分满分均为 9 分，实行半分制，总分取四项平均值。各部分题型及考试时间见表 1-6。

表 1-6　雅思考试的题型及时间分配

考试项目	题型	时间
听力 （Listening）	4 段语音，40 小题	40 分钟（包含 10 分钟誊写答案时间）
阅读 （Reading）	3 篇文章，40 个题目	60 分钟
写作 （Writing）	2 篇作文，小作文约 150 词，大作文约 250 词	60 分钟
口语 （Speaking）	①谈谈一般话题	4～5 分钟
	②根据考官所选择话题进行个人观点阐述	约 3 分钟（包含 1 分钟准备时间）
	③考官就第二部分所提及的话题与考生进行更深入的双向讨论	4～5 分钟

（二）考前准备方法

1. 口试部分

雅思口试共分为三部分，其中前两部分都有题库，可以提前准备。每年 1 月、5 月、9 月是换题季，建议大家不要在换题后立即参加考试，而应针对本季题库进行充分准备后再参加考试，这样可以做到面对 Part 1、Part 2 的考题时胸有成竹。

（1）Part 1

在这一部分，考官会针对一些日常生活话题（如家乡、学业、社交媒体、天气、环保、旅游等）提问，通常会选取 3 个话题，并就每个话题提 2～4 个问题。这部分主要考查发音和语言流利度，因此，对这部分问题的回答，自然流畅最为重要。针对每个问题，考生最好是结合自身情况以三四句话作答。不宜说得过

多，如果过于啰唆，没有重点，很可能会被考官打断。但也不能说得过少，如只说一句话或几个词，而不进行任何展开说明，会被视为没有太强的交流意愿，从而影响考官对你的第一印象。

（2）Part 2

在这一部分，考官会从题库中随机抽取一个话题提示卡，卡上会写明需要你陈述的话题以及需要涉及的几方面内容。例如：描述一个经常帮助别人的人，需要说明这人是谁，这人的职业是什么，这人平时是怎么帮助他人的，你怎么看待他。考生有 1 分钟的准备时间，可以在草稿纸或白板上做笔记。建议按任务卡上提示问题的顺序组织答题思路，并在接下来的 2 分钟之内作答。由于 Part 1 和 Part 2 的部分话题有重叠，有些素材可以通用，因此切忌提前死记硬背，最好按照当季题库精心准备陈述内容，在借用素材的同时加入自己的经历和观点，使陈述时的情感更饱满。志在得高分的考生还要综合考虑话题的扣题程度、陈述内容的丰富度与拓展度、语法的准确度，以及句子结构的复杂程度等。

（3）Part 3

这部分其实是对前一部分话题的延伸，但问题会更抽象，难度也更大。考官会就 Part 2 的话题与考生进行更深入的辩论，可能会出现考官一直追问"为什么"或不断反驳考生观点的情况。这部分主要考查考生深入分析问题以及准确运用语言的能力，因此作答时不必过分在意观点本身的对错，重点是逻辑清晰，能自圆其说。由于这部分的出题方式很灵活，因此不建议大家背诵远超自己实际能力的素材。如果通过背诵答案应付过了前两部分，但在这部分发挥不好，被判定为背模板，分数会很低。

（4）**如何合理高效备考？**

通过短时间高强度的备考，可以大幅提高口语考试的分数。即使基础不好，多说、多听、多练也一定会带来成效。如果想自学备考，可以下载"雅思哥"App（官网地址：https://www.ieltsbro.com）或"小站雅思"App，这里有最新题库、题卡、各考场考试回忆，以及其他同学针对题卡的练习录音。备考时，要联系自身经历、结合当季题库分类准备素材，要善于根据高分回答梳理答题思路，并不断用素材中的好词好句优化自己的答案。

也可找志同道合、水平相当的小伙伴当口语拍档（partner），大家互相监督，共同进步；最重要的是多张嘴、多练习。有条件的同学可以报培训班、参与模考，还可以在线上培训机构选择外教进行交流，提前适应考试的氛围和节奏，以免考试时太紧张而影响选择。

要争取做自信、主动的表达者！

2. 笔试部分

（1）阅读与听力

这大概是我们中国考生最为得心应手的部分。如果要在短期内迅速提高分数，精读和精听是最有效的办法。应试过程中有两个关键能力：其一是抓取关键词，可以先了解一下阅读考点词和听力考点词；其二是应用同义替换，很多时候题干只是用了另一种方法叙述文章内容而已。对上述两项能力进行有针对性的训练，再反复精析真题，掌握雅思出题规律，便可以轻松拿到理想的分数。

（2）写作

雅思写作分为小作文（约150词）和大作文（约250词）。

大多数情况下小作文会考查对图表的描述，包括静态图、动态图、复合图等题型。对于静态图，需要突出各项目之间的对比关系，抓住主要区别详细阐述；对于动态图，无非就是描述变量的增加、减少、不变、波动，但要注意是否有变量增减关系相似，这时要分组描述；对于复合图，则需要在前两者的基础上，突出图与图的联系，实现段落之间的流畅过渡。极少数情况下，小作文会以流程图、地图等更新颖的形式出现。面对这类题型，掌握一些模板（标准化结构、描述数据的常用表达等）固然重要，但不要忘记写作考查的核心是逻辑与结构，即使套用模板快速成文，但没有反映出作者提取信息的能力，没有逻辑结构作为筋

骨，也是不会拿到高分的。

至于大作文，通常需要考生针对题干中的论述做出评价或出自己的观点。可以多阅读英文网站（如 https://ielts-simon.com，https://ieltsmaterial.com，https://www.ielts-practice.org）上的范文，模仿母语使用者的逻辑思路与论证手法，同时积累常用素材。

和备考口试一样，提升写作分数也需要分话题整理素材。需要注意的是，不要盲目追求高级精妙的词汇与语法，写作任务回应情况、连贯性和结构层次也同样重要（参考雅思写作四项评分标准）。英语写作水平在短时间内几乎无法大幅度提高，但大家可提前分析考试的特点，进行有针对性的复习。写作是输出型的考查，因此在日常复习中不仅要多看、多背，更要多练。一旦开始备考，就要尽可能有规律地练习以保持语感，并卡准时间。记住：Practice makes perfect！如果有条件，还可以请老师或者母语使用者修改自己练习的草稿，找准问题，这样写作才会有更长足的进步。

3. 考试当天注意事项

①迟到者将无法进入考场，无法参加任何考试科目，并不得转考、退考或退费，已完成科目的成绩将被取消；即便笔试与口试不在同一天，错过其中一场者也无法参加另一项考试。

②除一瓶无标签的饮用水及个人必需药品外，其他物品不可以带入考场。电子设备必须关闭后放置在指定区域。建议也不要戴各类饰品。

③要合理安排时间。听力考试有誊写答案的时间，但阅读考试并没有专门设置填涂答题卡的时间。

④只有在进行写作考试时，在征得监考人员同意后才能去洗手间，且写作考试结束前 10 分钟内禁止使用洗手间。

⑤完成口试后应立即离开考场，在考场内与他人交谈考试内容会被视为违规。

四、托福考试（TOEFL）

（一）考试简介及题型分布

托福是由美国教育考试服务中心（ETS）举办的英语能力考试（官网地址：https://toefl.neea.cn），全名为"检定非英语为母语者的英语能力考试（Test of English as a Foreign Language）"，"托福"是其英文简称 TOEFL 的音译。目前考试费用为人民币 1985 元。每一年的考试场次由 ETS 在年初公布。我校望江校区设有一个考点，考位较紧张，同学们要尽早关注剩余考位的数量。整场考试结束后屏幕上即显示考生非正式的阅读、听力成绩，考试后 6 个工作日可以查询正式成绩。

托福考试有三种模式，分别是：纸考——Paper Based Test（PBT），机考——Computer Based Test（CBT），网考——Internet Based Test（IBT）。其中，IBT 是中国学生普遍选择的考试方式。托福考试由四部分组成，分别是阅读（Reading）、听力（Listening）、口试（Speaking）、写作（Writing）。每部分满分 30 分，整套试题满分 120 分。托福考试成绩的有效期通常为两年，从考试日期开始计算。

2019 年 8 月，托福考试进行了一次改革，改革后各部分题型及考试时间见表 1-7。

表 1-7　托福考试的题型及时间分配

考试项目	题型	时间
阅读 （Reading）	3～4 篇阅读文章，每篇 10 个问题	共 54～72 分钟

续表

考试项目	题型	时间
听力 (Listening)	3～4 段讲座，每段 6 个问题， 2～3 段对话，每段 5 个问题	共 41～57 分钟
口语 (Speaking)	4 道题，1 个独立口语任务，3 个综合口语任务	共 17 分钟
写作 (Writing)	2 道题，1 个独立写作任务，1 个综合写作任务	共 50 分钟

至今为止，美国和加拿大共有 2300 多所院校规定，凡是外国学生申请到该校入学进行硕士或博士研究生学习的，必须提供 TOEFL、GRE、GMAT 或 TSE 的某一项或两项标准化考试证明，只有达到学校所要求的成绩，才能取得入学和申请奖学金的资格。除了美国和加拿大，欧洲（如英国）、大洋洲（如澳大利亚、新西兰）以及东南亚一些国家和地区也认可托福考试成绩。近几年来，国内的联合国驻华机构、部分外企及合资企业在聘录职员时，以及国际货币基金组织在评价职员的英语水平时，也以托福考试成绩作为标准。因此，想要去北美（尤其是美国）留学的同学，最好选择托福考试。

（二）考前准备方法

1. 听力部分

听力是托福考试的重点和难点，对听力的考查贯穿整场考试（除了阅读），因此高水平的听力对于托福考试的成功尤为重要。托福考试听力部分的文章长度和选项长度相对于四六级考试更长，是考生备考的重点，考生需要花大量的时间建立起对语音的敏感度和对各种题型的常见干扰选项的识别能力。

在备考过程中，有以下方法可供借鉴：

①注意单词"熟形不熟音"的问题，背单词时要准确记忆单词的发音。

②备考可分为三个阶段（针对备考时间大于一个月的同学）：第一阶段，做

TPO（TOEFL Practice Online 的缩写，即托福在线考试练习）或真题，初步熟悉考试模式，此阶段大约持续一周；第二阶段，对之前听的有难度的文章进行精听，不再练习新题；第三阶段，考前 1～2 周进行整套模考，模考中途一定不能被打断。

③注意语音现象，如重读、弱读、连读等等，并在跟读中运用（跟读自己没有听懂的语句即可）。

④找到适合自己的记笔记方法（笔记不是越多越好）。尤其是听力分数在 24 分以下的同学，更要重视如何听懂全文结构。

⑤熟悉各个场景中的习惯表达、俗语，以及各学科基本的专业词汇等。

2. 阅读部分

托福考试中，阅读是四个板块中最容易得高分的板块。对于希望总分达到 100 分的同学，阅读得分最好达到 27 分；对于希望总分达到 107 分的同学，阅读最好能拿到满分 30 分。

在备考过程中，有以下方法可供借鉴：

①针对托福新政，多练习长段落，学会剖析段落的结构，明白一个段落有几个论点，哪几句话是对一个论点的解释，从而看懂全文的结构。

②重视标题，由首段明确标题的具体含义，从而把握全文的主题。

③要非常熟悉错误选项的四种类型：无中生有（原文绝对未提）、颠倒黑白（与原文信息相抵触）、张冠李戴（信息错位）、答非所问。

④每次练习都要限时，阅读一篇文章并完成相应题目的时长应不超过 18 分钟。

3. 口语部分

口语部分所考查的内容本身并不十分困难，考试时间也非常短，但对于大多数中国考生来说都是一个不小的挑战。因为我们之前从来没有接触过类似的题型和考试方式，所以是需要花大量时间去练习的。在备考过程中，有以下方法可供借鉴：

①一定要多进行口语计时练习，因为在考场上戴着耳机和麦克风、看着屏幕上的倒计时讲话，和平常在街上同外国人用英语聊天是完全不同的。

②积累独立话题素材，并做到熟练、灵活运用。

③把近四年的"独立机经"至少"刷"三遍，且每一次练习都要计时，直到非常熟练为止。

④对于综合话题，要注意记笔记的技巧，如使用缩写、符号进行速记，task 3 和 task 4 的细节及解释性信息不用记。

⑤平时练习时要注意培养自己的抗干扰能力，没有必要在完全安静的环境中练习。

4. 写作部分

由于新托福是机考，其写作和其他考试最大的区别就是需要打字。除此之外，无论是综合写作还是独立写作，都应该更注重信息点和逻辑，其次才是语言表达的改善。在托福考试的写作中，只要能够精准地表达出意思即可，不一定非要用"高大上"的单词，但是也要注意句式的多样性。想要拿到高分，独立写作中除了逻辑论证完整、拼写和语法错误很少以外，还至少需要两三个亮眼的句式或短语。在备考过程中，有以下方法可供借鉴：

①独立写作要明确"总论点＋分论点"的文章结构，各分论点不能重复。

②要坚持练习打字的速度和准确性。这里推荐一个比较智能的打字练习网站：https://www.keybr.com。

③应当多加练习综合写作的笔记，要熟悉速记符号，培养快速分出逻辑层次的能力，做到记有所用，有追忆性。

5. 考试当天注意事项

①不要太晚到考场，提前50~60分钟比较合适。

②不要带包装复杂的食品和饮料，例如需要剥皮、剥壳的食物，因为中途休

息的时间非常紧张；可带一点能量较高的食品，如巧克力，以补充体力，更好地应对后面的考试。

③考试会发 3 张（6 面）A4 大小的草稿纸，要提前计划好，合理利用。

④进行口语考试时，由于几乎所有考生都同时讲话，因此需要一定的抗干扰能力，一定要非常专注，把麦克风移近一点，自信、清晰地说出你的内容。麦克风质量很好，一般不会把别人的声音收进去。

⑤因考试场地条件不一，有极小的可能发生网络或设备故障。当自己的网络或设备出现问题时，立即举手报告老师，不要慌乱，绝大多数情况下问题都能很快解决；当别人的网络或设备出现问题时，会有老师解决，千万不要受干扰。

五、英语学习小贴士

（一）日常学习小贴士

Q：关于日常英语学习有什么建议吗？

A：英语学习重在日常积累，下面小思给大家介绍一些日常阅读的小窍门：

①阅读要有目的性，从自己的专业入手更有效。

②要从文章的全局入手，先弄清楚文章的大致方向和写作意图。

③坚持阅读。如果时间有限，可以不必追求理解每字每句，理解整篇文章的逻辑框架更有利于培养我们的英语素养。

④进行有针对性的长难句训练。bilibili 网站的主播陈琦的 GRE 长难句视频，讲解清晰，对提升分析能力有明显作用。

⑤不要看翻译。

（二）托福考试小贴士

Q：平时练习应该用什么笔？

A：铅笔，因为考场发的是铅笔（普通铅笔、自动铅笔、子弹头铅笔均有可能），不是中性笔。

Q：大概什么时候开始备考比较好？

A：如果决定了要申请国外的研究生，那一定是越早准备越好，一般考完四六级（大一暑假开始）就可以开始准备了。

Q：托福考试报名费挺高的，我希望一次"分手"，但又害怕自己做不到，怎么办？

A：参加托福考试的中国考生平均每人要考三次才能通过，因此不用给自己太大的压力，尽力而为即可。

Q：从哪里可以查到国外学校对托福成绩的具体要求？

A：可以关注微信公众号"TOEFL托福考试官方社区"，选择"关于托福"→"目的地搜索"，就可查看全球范围内不同学校、不同专业、不同学位的托福成绩要求。但是有部分学校的信息无法查询，因此更多具体、准确的信息可在学校官网中查询。

（三）其他小贴士

Q：考雅思还是考托福，该如何选择呢？

A：大家可以根据以下几点，判断自己是适合考雅思还是考托福。

①留学目的国是哪里？

如果我们有去北美留学的想法，可选择托福考试。尤其是想去美国读研究生的同学，除了托福，还要有GRE/GMAT成绩。如果是去英联邦国家，尤其是英国，应该尽可能选择雅思考试。美国院校对托福比较认可，尽管也有一些学校认可雅思，但大部分学校还是更认可托福。

②更习惯笔试还是机考？

中国学生从小到大都是参加笔试更多，也更习惯，但是机考乃当下趋势，同学们要尽早适应。目前雅思、托福、GRE/GMAT 这三种主流考试都提供机考，只有雅思的笔试成绩仍在大范围内被认可。同时托福考试的写作部分对打字速度有一定要求，需要我们去练习。

③偏好有交流感的口试还是电脑口试？

雅思与托福的口试采取不同的考试模式：托福采用机考，考生在考场根据电脑上给出的问题作答；在雅思考试中，考生与考官进行面对面交流。偏好交流式口试的可以选择雅思，偏好人机对话的可以选择托福。

④听说读写更擅长哪方面？

在雅思与托福的难度比较上，雅思的听力较为简单，托福对听力的要求相对较高，且对于听力的考查几乎贯穿整场考试。在阅读方面，托福的阅读界面更友好，会给出每道题目所涉及内容在文章中的段落。在口语方面，两者的考试形式完全不同，雅思考试由考官评分，托福考试则由机器和考官网上评分。两者写作难度差别不大，但是托福需要在 30 分钟内打出一篇 400 词左右的文章（独立写作题），需要较高的打字熟练度。

Q：备考托福和雅思应该报班吗？

A：问题又来了，要不要报一个语言班？答案因人而异。如果大家英语基础较好，并且有较强的自制力，能充分利用网络上的高质量学习资源的话，考出理想的成绩并不困难。但也有一部分同学不太擅长搜索学习资源，或者觉得自己找资源太费心费力，并且希望有老师的教导与督促。对于这一部分同学而言，报班也是非常好的。报班需要注意以下两点（以雅思考试为例）：

①老师的教学水平如何？

先考察下授课老师的考试水平，可将授课老师的考试成绩作为参考。此外，还要看老师的教学内容是否成体系，教学风格是否和学生的学习方式契合。

②班级氛围怎样？

语言班的学习氛围很重要，如果大家水平相当、共同努力，这种氛围当然很棒。但如果学员水平参差不齐，自己水平偏高，就可能会缺乏前进的动力；自己水平偏低，又可能会力有不逮。这两种情况都会让报语言班的效果不理想。现在的雅思、托福备考主要有报线下班、报线上班、自学三种模式，还是要根据自己的情况做出最合适的选择。

Q：2020**年，受全球新冠疫情影响，近期国内留学考试相继取消，要如何应对这样的特殊情况呢**？

A：受全球新冠疫情影响，2020 年上半年各类留学考试全面取消，但从 7、8 月份起，托福、雅思等考试正逐步恢复正常排期。一些国外大学在入学录取方面做出了一些调整，开始将其他考试成绩视为申请者的语言水平证明，如雅思 Indicator、托福 Special Home Edition、多邻国（Duolingo）、培生学术英语考试（Pearson Test of English Academic，PTE Academic）、剑桥英语语言测试（Cambridge Advanced English，CAE）、伦敦圣三一学院英语口语等级考试（Graded Examinations in Spoken English，GESE）等，有些院校甚至还接受 CET-6 的成绩。但因各高校政策不同，同学们需多关注目标高校官网更新的信息，随时查收自己的邮件，有问题可以直接与目标高校联系。当然，我们的"SCU 思学"微信公众号也会做一些推荐。部分考试取消期间，同学们也不要忽视语言学习，而应利用这段时间夯实自己的语言基础，以便在考试恢复后尽快拿到理想的成绩。

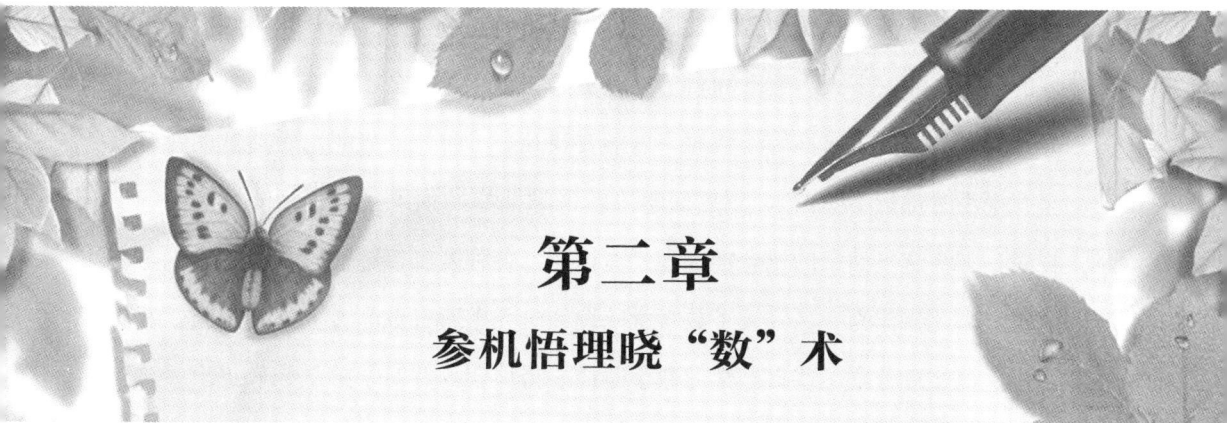

第二章

参机悟理晓"数"术

对于大一的学弟学妹们来说，数学大概就是在学习之路上遇到的第一只拦路虎。不论是学习内容还是学习方法，大学数学相比于高中数学都有较大差异。一方面，大家要重新摸索学习方法；另一方面，极高的学习强度往往让大家叫苦不迭——上一章的内容还没吃透，下一章的难题又接踵而来。作为"踩过坑"的学长学姐，我们希望通过分享亲身尝试过的学习方法，让学弟学妹们少走些弯路。如果能有些许帮助，我们将不胜荣幸。以下内容都是"大川小思"数学组的学长学姐经过调查，结合自己的实际经验总结出的一些干货。学弟学妹们可以根据自己的实际情况，从中找到对你有帮助的部分。

一、数学专业同学如何"驭数临风"

大学选择数学作为自己专业的同学，对数学的理解往往是基于中学或者小学的学习经历，比如享受结题带来的快感；或是填志愿时听了"前辈"的建议，觉

得学好数学将来想往哪个方向发展都容易。然而到了大学真正开始接触数学专业课的学习，才发现大学数学和自己想象中的"数学"完全不是一回事：从大一刚开始学习数学分析、高等代数时，可能要花几个小时才能想明白一道证明题（甚至几个小时都想不明白），到后面学习越来越抽象的抽象代数、一般拓扑学等课程时，围绕这些抽象的概念推定理、写证明，各种困难接踵而至，让同学们苦不堪言。因此，作为一名修读了数学学院统计班几乎所有数学专业课的学长，我想通过这篇文章分享一些自己学习数学时的心得体会，并对学弟学妹们提出些许建议，希望能对学弟学妹们在本科阶段的数学学习有所助益。

（一）不要觉得"数学无用"——日久天长，大用方显

很多同学，尤其是数学学院的同学，在刚开始学习大学数学的时候总是喜欢问"为什么要学习××课？""学习××课有什么用？""掌握这些定理的证明有什么用？"，进而产生一种厌学情绪。不可否认，初入大学的我们都怀疑过学习数学的"有用性"，但当你继续深入学习以后，你会发现，当初预置在课表里的那些高等数学、概率统计等数学课程，已经开始在你的专业学习中发挥作用了；而如果你没有掌握好这些数学基础知识，它们就成了"最熟悉的陌生人"。对于很多知识，在你学习的过程中没人能给你解释清楚它有什么用，唯一能够弄清楚它是否有用的办法便是努力地学习且掌握它——当你建立起一定的知识结构后，你自然就知道每一门学习过的课程、每一个证明过的定理在你的知识结构中扮演着怎样不可或缺的角色。

举几个例子：曾经不知道学习数学分析和高等代数有什么用，直到学习常微分方程时发现大量定理的证明需要用到数学分析里一些函数的性质和高等代数中特殊矩阵的性质；曾经不知道学习常微分方程有什么用，直到学习随机过程时发现解柯尔莫哥洛夫方程便是解一个常微分方程组；曾经不知道学习随机过程有什么用，直到学习标准金融学时发现原来股票的价格就可以被假设成一个随机过程。

数学的学习就是这样一环扣一环，许多知识点看似毫无关联，但最终落实到一个实际问题中时，各个知识点就会产生千丝万缕的联系。在经济学这样一门社会科学中，数学就有着非常广泛的应用（数学与经济学的关系可参见诺奖得主托马斯·萨金特的《数学和宏观经济学关系之解惑》）；对于其他一些理工学科，数学的重要性更是不言而喻。希望大家在刚开始学习大学数学时，少问"有什么用"，多想办法夯实基础，少一份厌学情绪，多一份积极进取。

（二）不要怪罪"智商"——欲加之罪，何患无辞

不少同学在学习数学的过程中，往往会有这样的疑问："我明明很努力了，为什么还是学不好？""室友/同学小王小李小红怎么看起来学得那么轻松还学得那么好？""我是不是智商不够？"对于这一系列的疑问，学长学姐的回答是："欲加之罪，何患无辞？"不可否认，每个人或多或少会存在一些智力上的差异，但这并不应该成为我们消极懈怠的借口。数学学院不乏"聪明"的人，但这并不妨碍那些看似"愚笨"却又异常努力的同学凭借自身努力变得优秀，那些天生"聪明"但在大学四年却一事无成的同学也屡见不鲜。美剧《权力的游戏》里，被网友戏称为"三傻"的珊莎·史塔克说过一句简单却令人印象深刻的话："I'm a slow learner, but I learn."面对善于玩弄权术、先天"聪明"的"小指头"（培提尔·贝里席公爵），"三傻"虽然"愚笨"却能从每一段经历中吸取经验并不断学习，最终反杀"小指头"。记住，智商不足永远都不应该成为学习路上消极倦怠的借口。

（三）最好的学习方法？——八仙过海，各显神通

对于大学数学的学习，不同的同学有着不同的方法。有的同学喜欢每节课坐在第一排认真听老师讲课，因为老师能把知识点有逻辑地串联起来；有的同学喜欢坐在最后一排自学，因为书上的很多逻辑推导过程需要自己去阅读一遍才能更

好地理解。有的同学喜欢每节课做很多笔记，有的同学则更偏重跟上老师的节奏。有的同学喜欢通过"刷"很多题来加深对书本知识的理解，有的同学则更喜欢直接看书，通过梳理知识点来理解知识。在学长学姐看来，没有什么方法是绝对优于或者绝对劣于其他方法的，方法没有好坏，只有适合与否，不同的人应该有不同的学习方法。学好一门课，方法很重要，但愿意为这门课花费多少时间、付出多少努力也同样重要。

二、非数学专业同学的数学学习攻略

相较于数学专业，非数学专业所开设的数学课程涉及的领域更窄，同一内容的课时也更少。在教学要求上，非数学专业的数学课程更加侧重知识点的应用，如不定积分的运算、微分方程的求解，但也有一些证明（如连续和可导的证明等）需要掌握。以下便针对非数学专业的数学学习，给出一些实用的建议。

（一）预习有方

大学里老师讲课的速度确实比高中快得多，老师的授课方式也各有特点、各有侧重，有完全板书型、PPT展示型、基础知识型、习题讲解型、知识输出型等等。而预习的一大作用就在于帮助你跟上老师的讲课节奏。如果你觉得自己不是接受能力特别强的学生，上课时总感到老师讲得太快，上一秒说的那个公式还没有理解，下一秒又进入了例题讲解环节，那么课前预习绝对有帮助。此外，预习对培养大学生很重要的素质之一——自主学习能力也极为重要。有研究表明，大学数学的课程特点决定了课前预习对于学好大学数学课程、培养学生的自主学习能力具有重要作用。如果你希望自己学得更轻松一些，效果更好一些，那么不妨尝试一下课前预习，也许能获得事半功倍的效果。

谈到具体的预习方法，首先，应完整看一遍课本待学内容并做好适当的勾画，应特别注意对定义的理解。如果觉得完整的一章内容看不下去，可以尝试跳着读，找到困惑点，激发好奇心，也就找到了上课需要重点注意的内容。

其次，应在课后习题中找一些很基础的题并尝试着去解答。

最后，在自己看不懂的地方做上明显的标记，提醒自己上课时格外留心。也许在听完老师的讲解后，你就恍然大悟了。

当然，想要取得较好的预习效果，还是要投入较多时间的。而当时间不允许时，简要地了解下节课大致要上的几个知识点是很有必要的，比如上课前 10 分钟可通过书本上的黑体字、标题等去把握这节课的重点所在。

（二）做好笔记

根据学长学姐们的反馈，"今天听懂了一个知识点，但没过几天又忘了"的经历困扰着很多同学。对于这种"七秒记忆"现象，推荐大家尝试用记笔记的方式来应对。下面，我们就结合自身经验来讲讲记数学笔记的一些方法。

1. 合理安排课本与笔记空间

笔记本上排列整齐、重点突出的公式、定理、定义，看着就很舒服。课本上空白不多，杂乱的笔记和大篇自己已经理解了的例题会十分影响阅读课本的体验。针对课本上重要的公式、定理、定义和一些有价值的例题，可以拿一个本子，用不同颜色的笔抄写下来，这样就相当于把整本课本最精华的内容归纳了一遍，便于复习时翻看。而且，在抄写的过程中也能加深记忆，一举两得。

2. 具体记录方法

（1）记录哪些题？

要在笔记本上记例题、错题、典型题，形成专属于自己的题库宝典。

①老师上课讲到的例题，考试常考的典型题。

②平时的错题、难题（注意一定要是有价值的题目，拒绝偏题、怪题）。

③参考答案中解题思路让你眼前一亮的好题。

（2）如何记录与复习？

记录的题目不用很多，量多了反而是一种负担。整理过程中应适当简写。可以分章节整理（推荐使用活页本，可以不断地往中间加纸加题目）。遇到有价值的题，就把题目大意抄下来，不写或者用铅笔写下解题过程，看完参考答案后只重点写一下这道题的解题思路或者关键步骤（但也不要过于简单，确保自己能理解），比如：首先对 n 换元，再对××用××定理……

记录完成后，复习环节也必不可少。隔几天或者在小测、期中考之前，再把这些题找出来看。要注意以下几点：

①先只看题目，自己独立解题，看看自己有没有忘记。

②如果不能解出来，就看一眼解题思路。如果看了解题思路能够顺利解出来，就着重标出那个让你有解题灵感的关键思路，相当于再加强一遍记忆。

③如果看了思路还是不会，那就再找出参考答案，看看是差了哪一个关键思路或步骤才让你没有解出题目，并把那个关键思路或步骤着重记下来。

每看完一遍这些题，都在题目旁边做上相应标记，比如√、√或×，分别表示"独立解出来的""看了思路才解出来的"和"看了参考答案才解出来的"。

经过不断地记笔记和复习，你会惊喜地发现，有些以前做了经常忘的题记得更牢了，会做的题也多了。

（3）注重分门别类

记笔记时可以章节为单位记录，并按照同一知识点分题型整理或按照同一题型分类别整理。

举个例子：对于定积分这个知识点，可以分不同题型进行整理，比如计算题和证明题。

又如，中值定理这个知识点的相关题目有一定的难度，特别是相关证明题最让人头痛。在看了一些参考资料并且做了一定量的题后，就能发现关于中值定理的证明题也可以分类，比如分成所证结论中含 ξ 且含 a、b 的，所证结论中只含 ξ、η 的，所证结论中只含 ξ 的……

当然，或许每个人的笔记都不一样，但最关键的一点是相同的：我是为自己记笔记，而不是为别人记笔记。再精美的笔记，如果对自己的用处不大，就只会是学习上的拖累，毕竟你花去了时间而没有得到该有的回报。

（三）勤于"刷题"

学习数学有一个特别好的方法，那就是"刷题"。经历了高中的题海战术，有些同学对这个字眼可能有些反感，但是根据学长学姐的经验，此处的"刷题"和高中时代的"刷题"有同亦有异。接下来，我们将回答三个问题：为什么要"刷题"？"刷"什么题？怎么"刷题"？

1. 为什么要"刷题"？

数学中涉及的定理、公式、技巧有很多，往往是一看都会，但是一做题就蒙。有时感觉上课讲的是"1，2，3…"，结果做题时发现题出的是"♯ ＊?％…"。其实这和大学老师的授课方式有关。很多时候，老师上课时更加注重对定义的阐释、定理的推导等。当然，它们对于理解数学的核心思想有至关重要的作用，但是对于没有预习、没有相关知识基础的你来说，如果只听老师上课时讲，而没有动手实践，那么对数学思想的理解就只能浮于表面，无法深入理解各个知识点的内在联系。因此，题"刷"多了，不仅可以熟练运用各种定理、技巧等，更可以增进对知识结构的理解。

此外，"刷题"对考试有直接的好处。"刷"过很多题的同学，考试时的感觉大概就是"1. 做过类似的；2. 做过类似的；……7. 这题没做过类似的，但是这个题是××知识板块的，用××方法应该有用；8. 没做过类似的，但是肯定要算××，先算再说；9. 做过类似的……"

2. "刷"什么题？怎么"刷"？

首先，需要特别强调的是，"刷题"的前提是掌握好课本例题，学有余力再去"刷"课本之外的题目。老师上课都会选一部分典型例题来讲，但是听了不等于会了，要自己动手再做一遍且解答无误，才可以说基本掌握了。例题都是老师精心挑选的，掌握了例题就等于把握住了这一章知识点的脉络。其次，要把老师布置的习题保质保量地完成。老师布置的题目大多反映了完整的知识体系。如果我们没有先完成老师布置的任务就自己选择题目练习，往往会因为缺乏完整的知识体系，要么被难到怀疑自己，要么觉得简单得不值一做。只有先掌握好老师讲解的例题以及布置的习题，才能有的放矢，寻求更高阶的题目以提升学习技巧。

下面将分别就高等数学（数一）、线性代数（理工）和概率统计（理工）三门课程介绍"刷题"方法（学数一、数二的同学可以参考）。

数三的内容相较于数一、数二更简单一些，使用的教材和数一、数二的有一些差别，但学习方法是可以借鉴的。在下面的介绍中，关于数三的参考资料会特别说明。

（1）高等数学刷题方法

①基础：课后习题、习题册。

大部分课后习题都是非常基础的，可以先用来熟悉知识点，掌握对定理最基本的理解与运用。章末总结题的难度较大，可以用于进一步提升。很多小测和期中、期末考试题都来自课本或习题册，有时是原题，有时是同种类型，只需简单的知识迁移。因此，这部分题非常重要。

但是课本中的习题有一个缺点：没有答案。所以"刷题"之前一定要先找到答案，不然"刷"了也不知道对错，不能提升。从各种渠道找到的答案可能存在错误，要结合求解过程认真分析。如果有分歧，可以请教老师或者助教等，也可以@大川小思数学组，寻求一个更权威的解释。

习题册中的题目一般都被留作课后作业，完成后可以先对照答案自己批改一遍。如果有明显错误，可以先用红笔改正；如果有不确定的地方，要先用红笔画出，习题课上要重点听一下讲解。

②进阶：高等数学同步测试卷（同济七版）。

这种试卷是以章节为单位出题的，既有简单的基础题，又有偏难的能力提升题，适合在学完一章后"刷"一遍，对整章的知识点进行总结。（学数三的同学直接看向高阶。）

③高阶：考研/竞赛数学题。

这里推荐电子工业出版社的《大学生数学竞赛教程》，以及汤家凤老师编写的考研数学复习全书（包括复习大全、题目册、解答册三本书，涵盖了微积分、线性代数、概率统计全部内容，由中国原子能出版社出版，有数学一、二、三的区别）。

这类题适合学有余力，对数学非常热爱，或者是想要考研、推免、参加竞赛的同学使用。除了大一外，有些学院不会再开设数学课程，所以到考研、推免、竞赛的时候考的还是大一所学内容，一次性投入足够时间，完全吃透所学内容也是一种有效的方法。学数三的同学也不要害怕数学竞赛，不要因为自己学的是最简单的数三，就觉得竞赛成绩比不过学数一、数二的同学，只要认真钻研，在学校里的数学竞赛培训班好好学，一定会有收获。每年的数学竞赛中，还是有很多学数三的同学拿奖。

根据学长学姐的经验，学数三的同学，如果希望学习更高阶的数学，可以使用数三难度的考研辅导书，包括线性代数和概率统计。不一定要自己购买，图书馆资源丰富，多去数学区转转可能会有意想不到的收获。

（2）**线性代数刷题方法**

类似地，线性代数习题也有基础和进阶两个版本。总体而言，线性代数在难度上比高等数学略低一些，但依然不可掉以轻心，因为相比于高中数学，它还是难很多。

线性代数的一个特点是程式化解题步骤相比于高等数学更多。高等数学很灵活，一道难题可以包含很多知识点，且知识点间的关联可能较难把握。比如多元函数积分有时会涉及很多关于极限的基础知识，在级数的证明中会和积分、中值定理等知识联系起来。而线性代数更加模块化，比如判定矩阵正定的方法就那么几种，可以根据题目所给条件选取合适的求解方法。再不济，一个个试也总是可以试出来的。

"刷"线性代数题时，课本和习题册中的题是非常有必要做的，可参照上述高等数学的学习方法学习。至于进阶部分，推荐使用同济六版的《线性代数附册学习辅导与习题全解》。这上面的题比教材中的更难一些，可用于提升练习。类似地，小测和很多考试里的题也可以在这本书中找到答案。

（3）**概率统计"刷题"方法**

相比于上面两门课，概率统计需要记忆的知识点更琐碎，学习时更应注重总结归纳。课本每章末的 A 类题和习题册的题，可以满足掌握与运用基础知识的需求。在提升方面，推荐做章末的 B 类题。而做 B 类题，也可以引发对知识点的更多思考，促使你了解其来龙去脉，在题目给出的场景中找到这种知识的应用领域。

学数三的同学同样可以在做好习题册上的基础题后去找考研题练习。

3. **先把薄书读厚，再把厚书读薄**

对于上述三门课程，平时"刷题"有助于丰富对所学内容的理解，建立系统的知识体系，即"先把薄书读厚，再把厚书读薄"。但需要注意的是，"刷题"要做到完全消化所学内容，而不能一味追求数量。

关于考试，历年的真题是非常有参考价值的，能帮助你了解题型、难度以及出题的大致方向。总有那么几个知识点是重中之重，几乎每年都考，而有些知识点虽比较冷门，但也要给予足够的重视。至于往年的数学考题，可以向学长学姐们打听获取途径。还需注意的一点是，正确答案以及正确的解题技巧要以老师发的权威版本为主。

最后，在这里附赠一首宋代陆九渊的诗，希望能与大家共勉：

读书

读书切戒在慌忙，涵泳工夫兴味长。

未晓不妨权放过，切身须要急思量。

三、数学学习小贴士

Q：老师上课总是会讲一些很复杂的公式、定理推导过程，理解起来很吃力，考试又不会考，可不可以选择不听啊？

A：不要忽视那些让人害怕的公式、定理的推导过程。虽然这类推导过程的思路和我们平时解题的思路不太一样，较为复杂，但是尝试着多听老师讲，一遍理解不了那就多来几遍，总是能理解的。即使平时考试不会考，但这是一个很好的锻炼数学思维能力的方法，日积月累，在潜移默化中提升思维能力，学起数学来也会更得心应手。这对想要推免、考研、参加竞赛的同学是很有帮助的。而且，以更高标准要求自己何尝不是一件好事呢？

Q：期中、期末考试中的难题要怎么突破呢？

A：想考 90 分以上的同学肯定不能只局限于做课后习题与习题册中的基础题，还应在考前多找一些有难度的题目（如考研题等）进行练习。试卷里面最有难度的题或者最后一道题，往往就是出自考研题。有学长学姐就亲身经历过这样的情况。

Q：半期考没考好，期末还有机会拿高分吗？

A：放心，完全有机会。一般说来，在学期成绩中，半期考分值占比没有期末考分值占比高，老师们往往也会鼓励半期没考好的同学及时做好调整，不断进步。半期考能考好是最好的，而且要继续保持下去；半期考没考好也不要紧，做

好吃苦的准备，自己多总结，多向身边学霸请教，认真解决好遇到的每一个问题，好好备战期末，还有"逆风翻盘"的机会。

Q：平时学习与考前复习有什么不同呢？

A：平时学习的强度和期中、期末考前复习的强度是不同的。平时学习以老师讲解的内容为主，由于不同的老师所侧重的内容不同，所以在平时的学习中就需要根据老师所讲的内容钻研难题、扩充知识面。而且在平时，一定要搞清楚概念（定义），这是学习定理、命题的基本前提。与考前复习不同，平时学习的知识点是零散的、不成体系的，我们最好能够把每个知识点都完全掌握。

至于考前复习，由于期末的试卷是全校统一的，所以要复习的内容也是一致的。考前留给我们的复习时间往往只有一两周，这个时期的重点应该放在对知识点的全面复习上，应照着考纲复习每一个知识点，以及结合往年试题、笔记等进行复习。这个时候对难题的钻研就可以先放一边了，因为与其"临时抱佛脚"追求难度分，还不如先把基础分拿到。

Q：每周的习题课有必要去吗？

A：习题课多会安排助教老师讲解作业题，多数内容比较基础。对于基础比较薄弱的同学，如果对数学学习仍有疑惑，可以借此机会多和老师交流，进一步巩固课堂所学，夯实基础。

对于志在拓展拔高的同学，如果自己能完全吃透老师讲解的问题，且助教老师对习题课签到不做要求的话，可以有选择性地上习题课，或者在老师讲解已掌握的内容时自主自习。这样有助于更好地利用习题课时间，将精力集中于攻克更难的题目。

Q：关于整理重点、难点知识，掌握自己难以理解的知识，有什么好方法吗？

A：把一些能引发思考、提供全新方法的题目或者一些理解不到位的知识点集中抄在一个本子上，在抄写的过程中透彻地理解一遍，一段时间过后再看一遍，这时候我们很可能会发现自己之前已经理解的题目和知识点现在又忘了。所以，需要不断地重复练习，以确保自己真正地消化理解了。当然，这种方法在前期比较费时，但是在后期我们就会发现需要重做的题越来越少，会做的题越来越多，希望大家坚持下去。

Q：每学完一章的内容之后需要做一个总结吗？如果需要，有没有什么好的总结方法呢？

A：数学学习中学会及时总结真的是个好习惯。当我们学习完一章的内容后，可以拿出一张白纸，尝试着写出这章内容的知识框架，解题时有哪些方法可以使用，和前面所学内容有什么联系，哪些是重点、难点，等等。大学数学知识点多而繁杂，一不小心就会把很多知识点混杂在一起，及时地总结归纳，能够帮助我们理清知识框架，记忆知识点。

Q：需要花很长的时间学习数学吗？

A：答案肯定是"需要"。尽管大家还有其他很重要的专业课，但是数学也特别关键。对于理工科同学，数学是部分课程的基础，基础打不好，学其他的课程更吃力；对于专业偏文科一点的，比如经济、公管学院的同学，数学成绩可能会成为我们与其他人拉开差距的关键。数学的学习一定要花较多的时间。正如学好一门语言要经常将自己暴露在这个语言环境中，学好数学也是一样：坚持每一天都学习、练题，那些陌生可怕的公式、定理总会变得亲近可爱；我们会慢慢形成题感，做起题来也会越来越得心应手。总之，学好一门课的关键在于愿意为这门课花费多少时间，付出多少努力。

Q：对于提高平时成绩有什么建议吗？

A：平时成绩主要是由作业、小测与考勤构成的。这里主要讲下作业。对老师布置的作业，要尽量保证认真、工整并且尽可能全对。相比于期末考试，作业所对应的平时分尽量不要丢。自己做完作业后，可以对照标准答案检查一遍，或者找同学一起探讨探讨。这样既可以加深自己对题目的理解，又可以保证作业的

质量，保证平时分。

Q：平时轻松一点，到考前一个月突击一下，用这样的方法能取得不错的分数吗？

A：千万不要有平时不努力，考前一个月突击学习就能取得好成绩的侥幸心态。大学里的数学，所有知识点都是一环扣一环、循序渐进的，想在一个月内高质量地学完一个学期的内容基本是不可能的。在大学里，考前一个月才开始"预习"数学的同学不在少数，但结果要么是因学习强度太大而半路放弃，导致挂科，要么就是好不容易过了但没有达到自己想要的分数。就算期末能够侥幸过关或是超常发挥，但长远来看，由于基础没有打牢，今后的学习成效是会打折扣的。数学的学习没有捷径可走，我们大多数人都不是天才，想要一个"好看"的分数，还是从平时开始就好好学习吧。

Q：关于在学习过程中发现问题和提问，有什么好建议吗？

A：数学的讲课进程一般都比较快，不能完全听懂课堂上讲的内容是正常现象，关键在于对听不懂的内容要及时问。问老师或问同学都可以，千万不要积留问题。问题的大量堆积会对后续学习造成影响，时间一长就会失去学习的信心。因此，需要自己在学习过程中主动去发现问题，主动地提问。首先要提倡自学，因为在自己预习教材的过程中很容易发现不懂的问题，再带着问题去听课就会有的放矢。其次是听课之后、做习题之前要认真复习、消化课上的内容，只要积极地开动脑筋，是会从中发现很多问题的。倘若自己实在没什么问题要问，也可以去"蹭"一下同学的问题，说不定自己也有同样的问题。当同学课下向老师提问时，不妨去凑凑热闹，启发启发思维也是好的。

Q：做作业有没有什么技巧呢？

A：做作业是学习数学的实践环节，是检验自己听课、复习成效的重要手段。习题不会做，就说明对这部分内容还没有很好地理解和掌握。在做作业环节，要尽量做到如下几点：

①做作业前复习相关知识，切忌不复习就做习题。

②培养综合运用知识的能力。在解题时，应注意对概念的理解和对定理的正确运用。

③对作业中的错误，一定要高度重视，搞清楚错的原因是计算错误还是概念不清。只有这样才能"吃一堑，长一智"，不断提高自己分析与解决问题的能力。遇到自己实在想不出来的题目，可以请教下同学怎么做，借鉴一下他们的解题思路。或是先放在一边，等到大脑放松后再来看一遍，说不定会有意外的收获。

Q：**学习数学，课堂时间是否重要呢**？

A：如果我们课下没有足够的时间再自学一遍知识点，那就好好把握课堂上的每一分钟吧。"课上十分钟，课下一小时。"有些时候就因为我们在课上漏掉了一个关键点，课下我们就可能要花成倍的时间去钻研，所以课堂是一定需要把握住的学习主战场。在学习过程中，要善于揭示知识的内在联系，掌握整个课程的体系、基本的数学思想和方法，以及能用于解决什么类型的实际问题，等等。如学习高等数学中的极限概念时，要掌握它所反映出的用无限逼近手段来研究事物变化趋势的思想，因为数学家们正是以此为基础建立了连续、导数的概念，并在有了对瞬时速度、切线斜率、广义积分、级数等问题的研究后，才建立起了一元微分学与积分学，继而推广至多元微积分与微分方程的应用等。

「学习」

效／能／篇

第三章

"Hold 住" 你的时间

　　大学在很多方面给了我们自由选择的空间，大家可以自由地分配精力和时间，去寻找自己的远方。但人的精力是有限的，对于大多数同学来说，不要说选择全部，哪怕只参加两三个组织、项目或比赛就已经相当吃力了。面对五花八门、精彩纷呈的世界，大家都面临"取与舍"的选择。而做出了选择之后必然要对自己负责，这时就会遇到种种困惑：每天的安排都被一条条"收到请回复"打乱，之前制订的许多计划，例如考证书、加入学生会、加入社团、每天去操场跑步等，迟迟无法完成。在大学里，有许许多多的 Deadline（即"最后期限"，以下简称 DDL）催促着你赶快完成手头的事情。有句话说，"DDL 是第一生产力"，但是 DDL 对有拖延症的同学来说无疑是致命的。

　　一天只有 24 小时，除去睡觉、吃饭、上课，我们还有多少时间呢？

　　在大学里，我们必须学会合理地管理自己的时间。时间管理包括每天从起床到睡觉的具体时间安排，除了学校安排好的上课时间，对其余时间的安排才是对一个人时间管理能力的真正考验。

时间管理的目标有两个：①把最多的时间花在最重要的事情上；②花最少的时间在恰当的时候处理好不重要的事情。这两个目标虽然看起来很简单，但是想完全实现也不那么容易。希望下面的分享对学弟学妹们有所帮助！

一、时间管理的方法

（一）4D原则

每个人每天要做的事情可以按照紧迫程度和重要程度分为四类，如表3-1所示。

表3-1　待办事项分类

分类	说明	举例
危机	不做这些事就会引发失败	重大项目的谈判，各种突发紧急任务
需要做的事	做了这些事能为后面的事做准备	制订预案，做计划，学习
符合别人期待的事	对自己来说不一定是最重要的事	无谓的电话、邮件，各种应酬等
没什么特别意义的事	仅仅为打发无聊时间而做的事	追剧，侃大山，逃避性活动

大多数人的时间安排大致如表3-2所示。

表3-2　大多数人的时间安排

要做的事	时间花费
危机	花25%～30%的时间
自己打算做的事	花15%的时间
符合别人期待的事	花50%～60%的时间
打发无聊时间的事	花2%～3%的时间

那么，该如何应对这四类事才能更高效呢？很简单，对每类事用不同的原则

来处理，如表 3-3 所示。

表 3-3　对不同事的处理原则

要做的事	处理原则
危机	立即去做（Do it now.）
自己打算做的事	稍后做（Do it later.）
符合别人期待的事	让别人去做（Delegate it.）
打发无聊时间的事	尽量别做（Don't do it.）

表 3-3 所示原则即"4D 原则"（由美国的史蒂芬·柯维提出，详见其著作《要事第一》）。根据这样的原则，我们对各类事项的时间安排或许会变成表 3-4 所示的状态。经过这样的调整，我们就会慢慢变得高效起来。

表 3-4　4D 原则下对各类事项的时间安排

要做的事	时间花费
危机	花 20%～25%的时间
自己打算做的事	花 65%～80%的时间
符合别人期待的事	花 15%的时间
打发无聊时间的事	花＜1%的时间

（二）GTD 法

GTD 是 Getting Things Done 的缩写，也是戴维·艾伦（David Allen）的一本时间管理类畅销书的书名，中文版译名为《搞定Ⅰ：无压工作的艺术》。

GTD 法可以分为收集、整理、组织、回顾与行动五个步骤。

1. 收集

收集就是将能够想到的待办事项（GTD 法中称为 stuff）统统罗列出来，放入一个"篮子"（GTD 法中称为 inbox）中。这个"篮子"既可以是实际的纸张或文件夹，也可以是纯数字化的记事本。收集的关键在于把一切干扰赶出你的大脑，同时记录下所有的工作。

让我们来想象一个场景：

你正在背四六级单词，突然学生会某部长发 QQ 信息给你，让你通知某同学下午 3 点去拿资料。这时候你要马上做吗？

不，先花十秒钟记录下来，收集到"篮子"里，然后继续背单词。

过了一会儿，你脑子里突然闪过一个念头：啥时候跟朋友去吃火锅？千万别越想越兴奋了，但也不要刻意压制，先收集到"篮子"里，然后继续背单词。

除非十万火急的事，否则都先收集起来再说，这是为了避免我们的注意力被轻易分散。

每天早上也可以做这个工作：把今天要做的所有事，先收集到"篮子"里。

2. 整理

将待办事项放入"篮子"之后，就需要定期或不定期地整理，清空"篮子"。将这些待办事项按是否可以付诸行动进行分类：对于不能付诸行动的，可以进一步将其分为参考资料、日后可能需要处理的事以及"垃圾"等几类；对于可付诸行动的，先判断事务的属性，再依次采用"2 分钟法"和"4D 原则"进行处理。

"2 分钟法"就是考虑该事项是否可在 2 分钟内完成，如果可以则立即行动完成它。比如刚刚学生会某部长让你通知同学那件事，马上打电话或者发短信通知那位同学，完事之后，把这件事从"篮子"里取出来扔掉。

如果是需要 2 分钟以上才能完成的事，就需要用刚刚讲过的 4D 原则来判断和处理。

3. 组织

组织是 GTD 法中最核心的步骤。组织主要包括对参考资料的组织与对下一

步行动的组织。对参考资料的组织主要就是建立一个文档管理系统。而对下一步行动的组织则一般可分为：建立下一步行动清单、建立等待清单和建立未来/某天清单。

下一步行动清单所记录的是具体的下一步工作，而且如果一个项目涉及多步骤的工作，那么需要将其细化成具体的步骤。GTD 法对下一步行动清单的处理与一般的 To-Do List（待办事项清单）最大的不同在于，它做了进一步的细化，比如按照地点（电脑旁、办公室、电话旁、家里、超市）分别记录只有在这些地方才可以执行的行动，而当你到达这些地点后也就能够立即知道应该做哪些工作。

等待清单主要记录那些委派他人去做的工作。

未来/某天清单则记录延迟处理且没有具体的完成日期的未来计划、电子邮件等等。

4. 回顾

回顾也是 GTD 法中的一个重要步骤，一般需要每周进行回顾。通过回顾及检查你的所有清单并进行更新，可以确保 GTD 系统的正常运作。而且，在回顾的同时可能还需要做出未来一周的计划。

5. 行动

行动即根据时间、精力以及事项重要性来选择清单上的事项予以完成。需要专注执行的其实就是一份清单——下一步行动清单。其目的是确保在最高效的时间段做最重要的事，即脑子里一次只想一件事，完成一件，划掉一件，再着手下一件。今日事，今日毕。

二、时间管理 App 推荐

（一）爱今天

"爱今天"是一款人气较高的时间管理工具，它以"10000 小时天才理论"为核心理念而开发，能够记录你花费在目标上的时间，并自动生成统计图表。

"爱今天"将时间分为 4 种类型：

①投资类：对目标产生实际帮助的事所花费的时间，比如你完成资料的查询花费了 1 小时，这对目标有实际帮助，则这 1 小时属于投资时间。

②固定类：对目标没有帮助但又必须做的事所花费的时间，例如吃饭、洗澡等所花费的时间。

③睡眠：为睡觉所花费的时间。

④浪费：既对目标无帮助又非必须做的事所花费的时间。

1. 推荐理由

①明确的目标管理。

"爱今天"将目标分为两类，一类是有达成期限的目标，另一类是没有达成期限的目标。

在"投资"标签下可以设置各种目标，并设定需要的总时间和截止时间，系统会自动计算出每天需要多长时间的"投资"。针对目标的行动开始后会显示进度及实际投入的时间，修正每天需要投入多少时间，以及最近七天对该目标"投资"的情况。此外，还可以录制每天的总结，设置晨音和提醒。

②详尽的时间统计。

时间轴和时序图可展示每天对各个项目的时间投入情况，在时序图下方显示

的是各个项目的投入时间和目标时间的差额。在标签栏中显示的是各个项目每天花费的时间、累计花费时长、平均花费时长等，以及与上周的时间投入情况的对比。还可以统计当天的时间利用率，并根据一周的投入时间进行评级。

③可以设置番茄工作时间。

番茄工作法是一种简单易行的时间管理方法，更加侧重微观层面的时间管理。其基本流程如下：

• 选择一个待完成的任务，设定一个番茄时间（一般是 25 分钟）；

• 在番茄时间内专注工作，中途不做任何与该任务无关的事，直到任务完成，番茄钟响起；

• 在任务清单中做标记，表明该任务已完成；

• 设定一个番茄休息时间，短暂休息一下；

• 选定下一个任务并设定番茄时间，开始工作；

• 重复上述流程，直到当天工作结束。结束一天的工作后，应根据记录对当日的工作情况进行复盘，同时可以对第二天的时间进行规划。

④界面整洁，完全免费。

2. **推荐指数**：☆☆☆☆☆

特别提醒："爱今天"App 只适用于安卓平台，iOS 的 aTimeLogger 也有类似效果，使用方法相似。

（二）Forest **专注森林**

这款 App 以在手机中"种树"的形式帮助我们远离手机，培养专注力。用户可以自行设置时长，在这期间不可使用手机，否则种的树将会枯萎。

1. **推荐理由**

①界面干净，没有广告，充满设计感。

②保持专注的时长可用来兑换金币，而金币可用来解锁新的植物，也可以兑

换现实中真实的树木，产生公益和环保方面的贡献——有趣又有意义。

③可以自己设置时间，较为灵活；可以给自己加大挑战难度，一次次延长不看手机的时长，循序渐进，获得进步。

④添加好友后可以了解别人的成果，进一步督促自己。看看一天种了12小时树的"大佬"，你还有什么理由不认真学习！

⑤"强迫症"患者的福音——有"强迫症"的同学绝不想看到自己的花园里有一棵丑陋无比的死树吧，所以坚持住，别玩手机！

2. **推荐指数**：☆☆☆☆

（三）滴答清单

滴答清单是一款拥有跨设备云同步、周期提醒、清单管理、协作和集成日历等功能的应用，可帮你高效利用时间。

1. **推荐理由**

①轻松记录大小事务。

不管是学习计划、备忘提醒，还是心愿清单、旅行安排，都能记录到滴答清单并按照重要性有序排列。

②再也不会忘记任何事情。

无论是"每月最后一天还花呗"，还是"到超市时提醒我买牛奶"，滴答清单都会及时提醒。

③每一天做什么都心中有数。

有了5种日历视图的帮助，可以直观地查看各月、各天的日程，不会再为"接下来做什么，以前做了什么"而迷茫，还能方便地拖拽任务来调整日程。

④和同学、朋友共同完成目标。

无论是与同学们完成某项小组作业，还是和家人、朋友一起制订周末出游计划，都能与其共享清单并进行讨论。

⑤在沉浸的环境中专注做事。

使用番茄工作法，在"25分钟工作、5分钟休息"的节奏中，集中精力搞定一件事。

⑥养成打卡习惯。

滴答清单有一个习惯养成的界面，可以监督自己打卡。界面内有多种图标可供选择，除了编辑习惯的内容，还可以自行添加语录警示自己。

2. **推荐指数**：☆☆☆☆☆

（四）其他 App 推荐

①时间统计类：番茄钟（嘀嗒、潮汐、番茄土豆）、iHour 等
②任务计划类：365 日历、日事清、MyWeek 等。

三、时间管理小贴士

Q：**学习与生活有时间冲突怎么办**？

A：这个问题的实质是时间管理，即如何在繁重的学习任务中享受生活。我们选择学习但也不抛弃良好的生活方式。要做到这些，小思建议：

①合理规划时间：给自己安排每日学习任务。推荐使用 App，如爱今天、番茄 ToDo 等。

②自律：培养专注度，学习之前先解决掉所有的干扰因素，学习的时候只学习，玩耍的时候尽情玩耍。

Q：**如何避免"忙的时候忙死，闲的时候闲死"**？

A："忙的时候忙死，闲的时候闲死"，这种情况很多同学都会遇到，究其根

本原因是自身时间规划不合理。我们可能会遇到一个周末要完成很多份作业的情况，这个周末我们一定不好过，但为何不将一些任务分配到一周中呢？应对任务的安排做一个"扁平化"处理。

Q：在有限的学习时间里遇到"精神上的空虚"怎么办？

A：大学与中学不同的一点就是，我们可以自由培养和发展我们的兴趣爱好。因为高考的压力而不得不放下的爱好，此时不捡起来更待何时呀！一心学习没问题，但只学习，将丢失很多本来可以在大学获得的东西。如果我们没有什么特别的兴趣，那也没关系，在我们觉得空虚的时候，出去跑跑步，看一部电影，都是很棒的选择。

Q：如何避免"有很多计划，却不想行动"呢？

A：这样的情况也很常见，"拖延症"患者太多了。这时，可以反思一下自己制订的计划的起始难度是不是太大，需不需要循序渐进，或者给自己设立一些奖励机制，如完成计划后奖励自己看一集喜欢的动漫。记得多给计划增加一点趣味性。另一个好办法就是根据自己的计划寻找一个"partner"，也可以加入一些学校、学院社团组织的打卡活动，集体的互相督促更有助于计划的实行。另外，上文介绍的一些时间管理App，相信也可以帮到大家！

Q：学习效率低下怎么解决？

A：学习效率不高是很多同学面临的共性问题，大家无须苦恼，放轻松。要先想一下自己学习效率低是因为什么，是学习内容比较难还是学习状态不好。如果是前者，小思建议从掌握基本的知识入手，比如高等数学、大学物理这些课程，从书上的例题开始做起，能给自己些思路和信心；当然，高中时期的题海战术对于大学某些课程依然有效。如果是学习状态不好，就要弄懂自己这个阶段想要的是什么，学习对于自己的重要性是什么。若我们在学习的时候，脑子里想的是一会儿要不要点个奶茶喝、晚饭吃什么之类的事情，学习效率当然不可能高。

所以，不妨在学习的时候提高专注力。小思在这里提供几个保持专注和高效的小建议：

①尽量不要在宿舍学习，而应在图书馆、教学楼学习，因为一个好的学习氛围很重要。

②保证充足的睡眠才能有较强的意志力，才不至于刚学几分钟就因犯困而想要放弃。熬夜战法并不可取，有时候熬夜只是做表面文章，熬夜完成的工作其实可能第二天早起 10 分钟就可以完成。

③把任务分解，不要一整个上午都闷头做一件事，把自己弄得头昏脑涨。向大家推荐番茄工作法，学习起来会比较轻松。每一个小任务完成后可以休息一会儿。

④远离手机，在自习期间不看手机。休息时统一回复所有消息。

Q：如何挤出时间发展兴趣爱好呢？

A：大学给予了同学们自由发展兴趣爱好的良好环境，我们虽然也会忙碌，但规划利用好时间还是可以实现儿时梦想的。每周抽出一个小时，一年就有 50 多个小时，这对于从入门开始发展一项兴趣爱好足够了。所以，如果现在没有兴趣爱好也不必自卑，我们可以从零开始，并且会发现培养一项兴趣爱好其实并不难。同时，川大开设了多门选修课，也可以从这些课程中寻找自己感兴趣的方向，实现兴趣与学分的双赢。此外，学校的活动多种多样，可以选择自己感兴趣的先尝试一下。对于比赛性质的活动，不要抱有太大的得失心，参赛是为了体验过程，从中认识自己的不足，看到自己的闪光点。所以，不必因为胆怯就逃避学校活动，你也可能在此期间结识到新的小伙伴，了解新的知识。

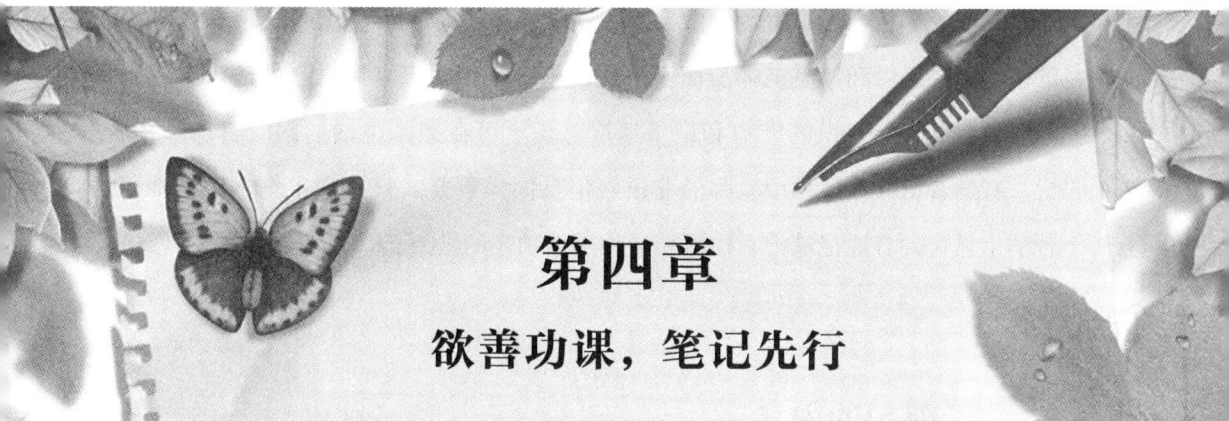

第四章
欲善功课，笔记先行

记笔记不仅是一个整理学习资料的过程，还是一个加深记忆的过程。记好笔记并不仅仅意味着快速记录老师授课的内容，将知识条理清楚地浓缩呈现，更重要的是要把笔记的内容记忆下来。正所谓"好记性不如烂笔头"，不以记忆为最终目的的笔记都是徒劳。心理学家艾宾浩斯在研究人类的记忆后指出，记忆的牢固程度与记忆方式、重复次数有着密切关系。有学者证实，记笔记确实有利于学生的学习和记忆的保持。所以，掌握良好的记笔记的方法对于大学生来说是非常重要的。下面为大家推荐一些记笔记的原则和方法。

一、记笔记的时间点

记笔记需要有时间概念吗？整堂课"笔耕不辍"就是勤奋好学吗？没错，但不全对。倘若在课堂学习中留给自己一些思考和理解的时间，记笔记的效果会更佳。

因此，记笔记最好是抓住老师讲授的间歇。老师在讲课时，尤其在讲到重点

内容时，为了让学生思考，会做必要的停顿，此刻就是记笔记的时间。在这一间歇中，你要思考和理解老师前面所讲授的内容，将知识点用自己的语言来记录，以有效提高掌握知识的能力和记录速度。切不可在老师说话的同时自己埋头苦记。有学者认为，课堂中教师的非语言信息同样重要，且有利于学生记忆知识。若学生只自顾自地记笔记，极可能导致事倍功半的结果。

二、笔记的内容

很多同学都有一个梦想，就是自己的手能够变成语音识别机器，这样就能把老师上课说的每一个字都记下来。实际上，人讲话的速度一般为每分钟 125 个字左右，我们不可能记下老师讲述的所有内容。那么如何选择要记录的内容呢？

要点、实例、组织结构，这是笔记的三要素。

三要素中，"组织结构"的重要性当居首位。"组织结构"赋予笔记以逻辑，构成了笔记的框架。在逻辑的引领下，同学们才可以明白学科的知识体系，这也往往是老师讲课的思路。比如根据高中知识，数分为实数和虚数，实数又分为有理数和无理数，有理数又分为分数和整数等。在这一个最为简单的例子中，每个名词都是"组织结构"中的一个有机组成部分。这样，笔记可以有序展开，记忆也可采用这一思路和逻辑。

其次是"要点"。"要点"能让我们抓住课程的主干内容。还是借用上面的例子，每一种数的特点就是"要点"，比如实数都可以表示成数轴上的一个点。"要点"要根据老师或者自己的理解进行提炼，只有短小精悍的"要点"才方便记录，也易于记忆。

最后是"实例"。"实例"可以对"要点"进行解释，帮助我们形成更加形象的记忆。比如，对于实数，可以通过画数轴来形象地呈现。对于与现实联系更加密切的学科，可以增加生活中的例子或者理论的实际应用，这有助于我们后期回忆课程的内容和理论知识。

三、记笔记的方法

记笔记的方法因人而异，选取适合自己的方法可以事半功倍。这里需要再次强调的是，记笔记最重要的目的是让自己记忆知识，因此方法的优劣也只应根据笔记能否有效帮助自己记忆来评判。这里介绍一些较实用的记笔记方法。

（一）图像化笔记

在学习理工科、医科类的科目时，我们会遇到很多图形或者模型，这些都是帮助我们深入理解知识点的工具。在记录或整理笔记时，不妨将这些图形或模型也记在知识点的旁边，这不仅可以提高记录速度，也便于复习时进行对照，巩固记忆。

由于时间的关系或个人绘图技术的限制，示意图不必画得非常逼真和规范。为了突出要点，可以夸大图形的特征；必要时，还可以加文字提示。这样可将知识要点更加一目了然地展示出来，使记忆更深刻。还可使用流程图、关系图等，着重表示内容的逻辑性，以简化笔记内容，帮助记忆。

图表也是这一类笔记中非常有效的工具。图表可以清晰地揭示不同事物间的普遍规律和差异，记录也很方便。而且，很多老师在上课过程中往往也会整理图表作为示教工具，以帮助学生更好地理解与记录。

此外，图形化的笔记还包括学生自己惯用的符号和简记标志。善用线、箭头、图形形状等来表示信息也有助于梳理笔记中的逻辑关系。

如图 4-1 所示的笔记中，不仅在所整理的要点旁边附有教材中的示意图，而且运用了箭头、下划线以及圆圈等多种符号来标注重点，说明图文位置的对应关系，逻辑清晰。

牙体牙髓病学笔记 华西口腔医学院 2016级赵一凡

c) 深窝洞，洞底距髓腔牙本质厚度<1mm，需行双层垫底。第一层用氧化锌丁香油（复合树脂充填时改用聚羧酸锌粘固剂或玻璃离子粘固剂）或氢氧化钙（接近髓腔或可疑穿髓）衬洞；第二层用磷酸锌粘固剂垫底。

（3）方法：垫底部位限于牙合面髓壁和邻面轴壁，要求底平壁净，留出足够的深度（1.5-2mm），使充填体有足够的抗力和固位。

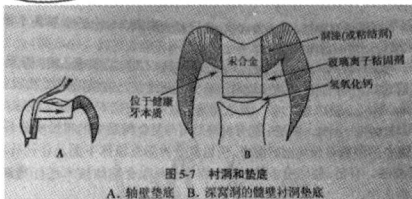

图 5-7 衬洞和垫底
A. 轴壁垫底 B. 深窝洞的髓壁衬洞垫底

七、银汞合金充填术

（一）适应症

1、I类、II类洞
2、后牙V类洞，特别是可摘义齿的基牙修复（耐卡环磨损）
3、大面积龋损配合附加固位钉的修复
4、冠修复前的牙体充填
5、美观要求不高患者的尖牙远中邻面洞（不累计唇面者）

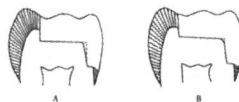

图 5-12 增加领袖洞剂圈与袖面连接部的抗力
A. 轴壁略向髓壁倾斜 B. 轴髓线角圆钝

（二）窝洞制备特点

银汞合金的材料特性要求窝洞必须附和窝洞预备的总原则外，还应具有以下特点：

1、窝洞必须有一定的深度和宽度，方可使充填体获得足够的固位强度。
2、银汞合金没有粘结性，窝洞要制备成典型的盒状洞形，必要时增加辅助固位形（倒凹固位），以使充填体具有良好的固位。
3、洞面角应成直角，不在轴质的侧壁作短斜面。

（三）、各类银汞合金充填窝洞的预备要点（选择）看书

1、I类洞

1) he面窝洞单面洞制备：两洞缘间的距离大于 0.5mm 时，制成两个单独的窝洞。要求为典型的盒状洞形，侧壁略向洞口聚合，必要时可增加倒凹固位。下颌第一前磨牙，颊尖高，舌尖低，洞底应呈斜平面。
2) 磨牙颊（腭）面单面洞制备，洞口略小于洞底
3) 磨牙双面洞制备，鸠尾峡的宽度不得小于 1.5mm。（He面）
4) 上前牙腭面洞制备，颊（腭）向：近远中壁底>1.5mm 长斜的

2、II类洞

邻he面洞制备一般先制备邻面部分。he面部分的大小再由邻面龋损范围来定。

1) 邻面洞的制备要求：①颊舌壁达到自洁区，扩展程度与邻面宽度有关。②龈壁位置：触点根平，与邻牙 0.5mm。③梯形固位。④颊、舌和龈壁的釉质壁部分应顺袖柱走行方向。⑤邻面固位沟。⑥除了轴髓线角应圆钝外，可将轴壁略向髓壁倾斜，这样使轴髓线角处的充填体厚度增加，以抗衡此处所受的剪切力。
2) he 面洞的制备要求：邻面龋坏范围小，且所涉及的边缘嵴所受的咀嚼压力不大

图 4-1 川大学子笔记

（资料来源：图片来自华西口腔医学院 2016 级学生赵一凡所做笔记）

（二）思维导图

思维导图是表达发散性思维的有效图形工具。它运用图文并重的技巧，把各级主题的关系用相互隶属或并列的层级图表现出来，在主题关键词与图像、颜色

等之间建立记忆链接。

　　富有逻辑性、各要素之间关联度高的学习内容，非常适合使用思维导图记录。思维导图反映的是思维和记忆的过程，在建立思维导图后，在回想知识点、应用知识点时，完全可以根据导图的路线进行思考。如医学学科疾病的病因、病理、诊断、治疗等方面的内容逻辑性强、关联度高，非常适合采用此方法记录。但建立思维导图需要自身对于学习内容有了一定的了解，因此思维导图适用于复习和整理笔记。可以手绘或者使用工具软件制作思维导图，如今相关的工具软件也有很多，比如 MindManager、Xmind、Freemind、幕布、百度脑图等。如图4-2便是一张十分清晰的思维导图。

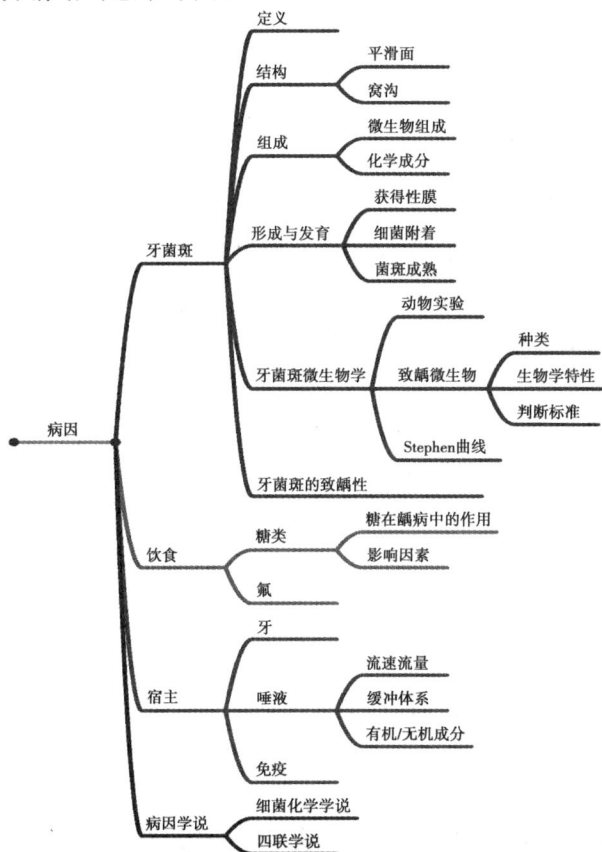

图 4-2 川大学子笔记

（资料来源：图片来自华西口腔医学院 2016 级学生赵一凡所做笔记）

（三）康奈尔笔记法

康奈尔笔记法是一种很流行的记笔记方法，它侧重于笔记的反复使用，需要记录者通过不断丰富笔记内容总结资料，从而加强记忆。

康奈尔笔记法把一页纸分成了三栏（如图 4-3 所示）：右上方最大的一栏是平时做笔记的地方，按照平时的习惯在其内记录即可。左上方竖着的一栏叫作"线索栏"，用来归纳右边的内容，理清笔记主体的逻辑关系，在后续复习中使用。这样一方面复习了内容，另一方面理清了头绪。下面横着的一栏是总结栏，在这一栏内可用一两句话总结这页记录的内容。也可以将总结栏作为本页内容的补充，在复习阶段回顾笔记时使用。

需要注意的是，康奈尔笔记法的重点不在于笔记的格式，而在于对笔记的回顾和更新。

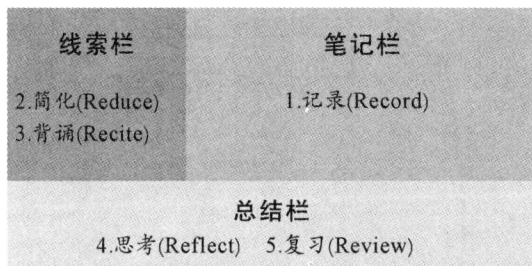

线索栏	笔记栏
2.简化(Reduce) 3.背诵(Recite)	1.记录(Record)
总结栏 4.思考(Reflect) 5.复习(Review)	

图 4-3　康奈尔笔记法

四、笔记的后续使用

对笔记的课后回顾，和记笔记的过程一样重要。有学者认为，整理和使用笔记同其他学习策略同等重要，尤其对于课后作业和考试来说，使用笔记似乎是更重要的。一般来讲，笔记比起教材内容更容易理解，尤其是对于一些较难的课程来说，笔记既能帮助学生理解课堂内容，也能有效地促进学生完成课后作业和取得较好的考试成绩。但许多学生往往由于忽视或能力不足，只重视记笔记，而没有对笔记进行进一步的加工和修改，这实际上极大地影响了笔记的效用。所以最后再次提醒：记笔记的目的是实现最终的记忆。在记笔记之后，一定要根据自己的情况以及老师强调的重难点，对相应的知识进行补充和思考，以加深对知识点及其应用的理解。

五、记笔记小贴士

Q：**记笔记有什么作用？**

A：关于记笔记，我们首先要端正态度。记笔记是为了更好地学习、掌握知识，理清逻辑思路，提高学习成效，而不是一个机械的、自我暗示的过程。小思了解到很多同学记笔记往往是为了让自己"安心"，认为记了笔记这堂课就没有白听，这种想法是很不可取的。这不仅没有帮助我们把知识点掌握得更牢固，反而使我们陷入了记笔记的"舒适区"，产生一种"反正我有笔记，以后再看再弄懂也不迟"的心态，从而大大拉低了课堂学习的效率，而计划中的复习往往是一拖再拖，最终一无所获。所以，如果我们决定要跟随课堂进度整理笔记，那么就要合理利用它，既不能让它影响我们的课堂听课效率，也不能对其敷衍了事。

Q：**学习理科课程该如何记笔记呢？**

A：学习理科课程时，不要将记笔记的优先级置于课堂听讲之上。对于需要着重理解的学科，课堂上首先应听会、听懂。因为学科知识点基本都呈现在书本上，所以笔记的作用是辅助补充和归纳总结，记录时抓住重点即可。这里想重点强调课后整理思维导图的作用。学习完每个章节后，建议大家先复习教材上的知识点和笔记，再根据记忆绘制出一份思维导图，并结合教材完善思维导图。这样

就能清楚知晓自己对该章知识的掌握情况。对于第一遍没能联想到的知识点应做好标记，作为复习重点。同理，跨章节的学习与复习也可以采取此种方法。

Q：上思政课该如何记笔记呢？

A：对于这种期末需要重点背诵的科目，建议对问答题进行梳理，对应题目对答案进行总结。先提炼出每道题中的关键词，标记给分点。背诵时先完整地读一遍题目与答案，再根据关键词进行理解记忆。不必拘泥于书本原话，用自己的语言流畅完整地表达即可。对于文科复习的重要提醒是：不要临近考试时才去整理和背诵，一定要注重平时跟着老师的上课节奏进行整理、记忆，否则最后复习时会很吃力。

Q：学习英语该如何记笔记呢？

A：对于非英语专业的学生，英语课程比较少，课堂并不是记笔记的主战场，重要的是日常积累和总结，单词、词组、好句子都可以成为英语笔记的良好素材。在记录日常学习中遇到的不熟悉的单词或表达时，注意记录的重点不是零散的单词，而应该将单词分解成词根，再串联成为单词或词组进行记录。例如：

aggregate n. /a. 总计，总数；总计的，合计的。

ag-表示加强，greg 表示群体，-ate 表示动作"使"

in the aggregate 总共，作为总体。

如此长期坚持下来，有一天你就会发现，自己词汇量越来越大，英语能力也悄然提升了！

Q：该怎样记好纸质笔记呢？

A：选择纸质笔记，就是选择了一种很有助于巩固记忆的笔记方式，因为手写笔记的过程对于思考和理解都有很大帮助。需要提醒大家几点：一、不要为了追求课堂笔记的完整性和美观性而忽视对课程内容的把握，影响课堂效率；不要在一时没有听懂的地方停滞不前。二、记笔记时可以使用不同助记符、不同色彩区分重点、次重点，丰富笔记的结构层次，以便于理解。三、建议使用活页本记录，以方便携带和插入新的感悟。当然没有活页本也不要紧，在记笔记时适当留出空白也可。

Q：如何更好地利用电子笔记呢？

A：电子笔记的优点是：在各个平台都可以查看，减轻了书包的重量，而且可以结合 PPT 进行同步复习。复习时建议用 Pad 分屏，一侧是电子版课本或老师的 PPT，另一侧是自己的笔记。但是，使用电子产品对我们的自制力是一种考验，需要我们意志坚定，不被其他应用干扰。

Q：到大学了还需要整理错题集吗？

A：很多人在高中时养成了整理错题集的习惯，那么在大学中这种整理还有必要吗？我们认为在有时间和精力的条件下可以进行精华题目的整理，将经典错题裁下来贴到本子上，以供复习时查看。如果平时课余时间不多，我们也可以把习题、作业汇总到一起，复习时翻看就好了。

Q：看到别人做得好的笔记我很惭愧，怎么办？

A：我们经常看到别人的笔记尤其是女生的笔记字迹工整、条理清晰、赏心悦目，或者看到别人整理了很多内容，各色彩笔运用丰富，感觉自己的笔记十分单调刻板。其实不必将自己的笔记与他人的相比，因为每个人记的笔记都是根据自己的理解记录的，我们自己的笔记才最适合自己的学习。当然，平时看别人的笔记也是很有帮助的，可以弥补自己知识上的缺漏或者产生新的记笔记的灵感，使自己以后的笔记更有条理、更有计划。至于美观问题，没有必要强求，首先让笔记实现它的基本功能，再去提出更高的要求吧！

Q：需要经常翻看笔记吗？

A：又回到最初的起点。我们记笔记的初衷就是为了对知识有更好的、更深入的理解，所以时常翻看记好的笔记，根据自己的感悟和理解对笔记进行再次整

理，才使记笔记有了意义。不少同学往往只在课上记录下知识点，而课后却不去翻看，或者仅仅在考试前一天临时抱佛脚。这样，记笔记这件事不仅没有为我们的学习提供帮助，反而可能让我们在课堂上分心，从而影响我们的听课效率，得不偿失。定期回顾、温习自己记录的笔记，可将知识的短期记忆转化为长期记忆，在日后需要的时候也能回想起来。这样，记笔记这件事就不仅能帮我们提高考试成绩，也能让我们将所学到的知识更好地应用于日常生活当中。

Q：对记笔记有什么具体的建议吗？

A：①给目录留一定的空间。

②标题可以分大小，大标题、小标题要分层次。段前空格。可以用不同颜色做标记。

③记课堂笔记要注意效率。来不及记的拍照留存，课后及时补在笔记中。

④逻辑清楚，层次分明。写序号的方式很多，要用不同的序号表明不同的层次。

⑤要有一些自己经常用的助记符号，如!、&、[]、/等。

⑥色彩和图形可以给人视觉冲击力。

⑦如果担心自己没有毅力，就选择薄一点的笔记本。

⑧方格笔记本隔行用会很有条理，也很适合做 To-Do List。

⑨笔记本左侧或右侧可以留出一定的空间，以便随时补充。

⑩笔记不是记完就束之高阁，适时回看才能发挥作用。回看时可以在空白处补充新的感受和想法。

⑪给笔记做标签，贴标签纸或者折页都是可选择的方法。

⑫养成标页码的习惯。

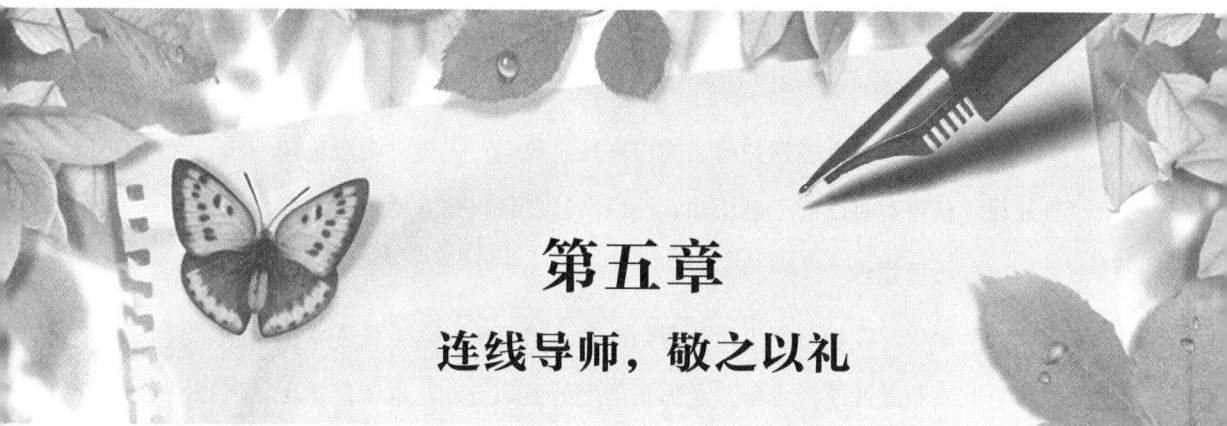

第五章
连线导师，敬之以礼

"师者，所以传道受业解惑也。" 导师，是我们大学生涯中重要的教导者和引路人，在学习、成长路上遇到的许多困惑都需要导师的指点和帮助。课程学习、论文写作、学科竞赛……我们都需要获得导师的建议和指导。虽然"导师制"主要存在于硕士和博士阶段，但对于本科阶段的大学生来说，学会与导师有效沟通也是很重要的。

因此，本章小思就来和大家分享一下关于联系导师、与导师相处的那些事儿。

一、联系导师

（一）如何打消顾虑？

小思在做咨询时，经常会被问到"不好意思联系导师该咋办？""自己不优秀，导师还会帮助我吗？"等问题。希望下面的建议能帮你打消这些顾虑、克服

心理障碍。

1. 迈出第一步

想要和导师取得联系并与之愉快来往，我们首先要学会迈出第一步，做好心理建设，获得对自己的正确认知，然后突破自己，建立良性的循环。

（1）心理建设

作为学生，在学习或生活上遇到困难、需要帮助是十分正常的事情，我们不需要对此感到羞愧或者自卑。老师是学生的良师益友，也曾是学生，所以会更加理解我们。因此，我们对导师应该保持尊重、真诚以待，而非畏惧。同时，老师也希望与同学交流来往，而不是单方向地讲授知识。主动找老师沟通是自信、真诚的表现。所以，心理上我们完全不需要有负担。

（2）正确认知

联系导师前的紧张和慌乱往往源于我们没有做好准备，没有正确地认识自我。我们应实事求是地进行自我评价，形成对自己的正确认知。同时，明确自己找导师的出发点也非常重要，这会让我们更加有的放矢、从容镇定。

（3）突破自己

突破自己的秘诀就是快速行动起来，拒绝拖延。面对有压力的事情，人们总爱选择逃避而不行动，但这并不是长久之计。正所谓"非知之艰，行之惟艰"，学会突破自我、迈出第一步，良性循环就会慢慢建立起来。

2. 间接沟通法

当你还不适应直接沟通时，间接沟通法也不失为一个消除顾虑和减轻压力的好方法。

（1）找个同伴

如果你性格内向，羞于和导师直接沟通，不妨拉上小伙伴一起去。同学或团队中的其他成员在场时，你会感到更加自在轻松，也会有充足的时间来做出应答。

（2）利用通信软件联系

大学不同于高中，与导师沟通的途径是多元化的，我们可以在了解导师使用通信软件的偏好后，通过相应的软件联系导师。事实上，不仅仅是与老师当面交流，在和朋友面对面交流时我们也可能出现"失语症"，而打字的条理性通常更强，因此在网上交流就显得轻松愉快得多。

温馨提示：不必因为导师没有及时回复而感到困扰，导师的事务繁忙，暂时没有反馈是很正常的事情。如果长时间没有收到回复，可以再次礼貌地提醒导师。

（二）如何搜寻导师信息？

没有导师的相关信息，联系导师就只是空谈。但也别着急，下面都是有效的方法。

1. 学校官网

导师的一些基本信息，如研究方向、开授课程、头衔、获奖情况、论文发表情况以及最重要的联系方式等，一般都可以在学校（相应学院的）官网上查找到。还可以通过官网上的竞赛（如"互联网＋""大创"）名单找到老师指导竞赛的情况。

2. 导师论文

导师的论文体现了导师的研究方向、学术水平等关键信息。导师近几年的论文发表情况，可以大致反映出其近期的科研状态和研究动向。同时，导师的论文中一般都包含其邮箱，如果没有在学校官网上找到导师的联系信息，那么去论文中查找也是一种行之有效的方法。

3. 导师课堂

不管是选修导师的某门课程还是选择"蹭课"，都是我们了解导师的一个机会。在课堂上，我们不仅可以和导师面对面交流，而且可以真实地感受导师的个

性特征和行事风格等等。

4. 学长学姐

咨询导师所在课题组或实验室的学长学姐，可以多方位地了解导师的信息，比如导师的科研兴趣、实验室发展状况、学生毕业就业情况等。

5. QQ群、论坛、贴吧等非官方渠道

如果不认识相关的学长学姐，只查到了导师的联系方式，又还想进一步了解导师的相关信息，那么可以尝试去学校的 QQ 群、论坛或者贴吧寻找活跃在其中的学长学姐，或者尝试发帖求助，询问导师的相关信息。

6. "神器" 推荐

（1）国内导师

①导师评价网：https://www.mysupervisor.org

②中国教育在线：http://www.eol.cn/html/ky/tutor/

（2）国外导师

①ScimagoJR：https://www.scimagojr.com

②ResearchGate：https://www.researchgate.net

③Google Scholar：http://scholar.google.com

注意事项：有些信息不完全可靠，应当多方位比较，形成自己的判断。

（三）如何联系导师？

"机会都是留给有准备的人的"，学弟学妹们在联系导师前一定要做足准备，然后选择适当的方式联系。此外，还要注意一些要点和细节，以免做个冒失鬼。

1. 联系导师前的准备工作

（1）心理准备

其一，明确联系的意图，即我们找导师究竟是为了什么。是为了请其指导比

赛项目、科研，还是为了推免考研？想清楚你的目的，直接告诉你的导师你想要做什么、你的规划是什么，这样联系导师的过程会更顺畅。其二，给自己积极的心理暗示。因为一般确定导师之后便要开始各方面的工作，我们不能只联系导师而无所作为。

（2）准备好自己的简历

简历贵在"简而精"，而不是把经历或者奖项一股脑都罗列出来。不同用处的简历应该各不相同、各有侧重，要简洁地表达并突出自己的特点和优势，不宜过于花哨。

（3）准备好一个自述

有心的同学可以写一篇小短文，有侧重地讲述一下自己的经历和心境。这样有助于导师更好地了解自己，以便后面的辅导。

（4）多方面了解导师情况

尽可能多地从科研领域、科研实力、上课风格、性格特征等方面了解导师，以便充分考量自己与导师的匹配度和契合度等。

（5）充实材料，避免空谈

如果是请导师指导比赛项目或科研论文，需要准备一份演示 PPT，用于说明关于比赛项目的完整策划方案或关于论文的详细研究方案，以避免空口和导师说项目、画蓝图。

2. 联系方式及要点

联系导师的方式不外乎两类，一类是通过邮箱、社交软件等和导师进行线上联系，另一类则是直接和导师进行面对面的沟通交流。

（1）线上联系要点

一封得体周到的邮件一方面能够体现发送者的礼貌和分寸，另一方面也能够把个人简历、目标、规划等相关情况准确地传达给导师。

①邮件的基本内容可参考表 5-1，各项目根据不同目的应有所取舍和侧重。

表 5-1　邮件基本内容参考表

项目	说明
个人基本信息	姓名、性别、年龄、联系方式、兴趣爱好等
科研学术经历	本科学校、专业、主修与辅修课程、学术项目经历等
校园活动经历	校园学生组织、学生干部履历与组织活动经历等
社会实践经历	相关专业的社会实践或实习经历等
项目获奖情况	参与重要大赛或项目的获奖情况、技能证书等
硕士生涯规划	列举硕士研究生不同阶段的大致目标与行动计划等
自我优缺点评价	客观写出自己的优缺点，对缺点可进行巧妙转化等

②邮件主题明确，信息完整。

导师每天都会收发大量的邮件，所以我们的邮件标题一定要包括简明扼要的邮件主题和姓名等信息，否则邮件很有可能被忽视。

③语言简练，注重细节。

在给导师发邮件或者消息时，我们的语言应该在表明意思的前提下尽量简洁明了，字数不宜过多，更切忌"长篇大论"。同时，注意在一些细节上绝对不要出错，比如导师的姓名、职称等等。

④明确来意，真诚礼貌。

导师日常是比较忙碌的，因此联系导师时应明确表述自己的来意。此外邮件的内容一定要做到实事求是，可修饰但不能粉饰；字里行间应表达出对导师的尊重和礼貌。

⑤发送邮件前注意检查和修改。

在正式发送之前一定要再次阅读、检查邮件，必要时修改。也可以先发给朋友等，让他人帮忙看看是否有不妥当之处。

注意事项：不同用途的邮件要有不同的侧重，切忌一封邮件多种用途。

（2）面对面联系要点

①自信大方，面带微笑。

刚开始交流时，可能会有些尴尬或紧张，但应当尽快调整过来。举止落落大方、面带微笑会给导师留下好的印象。

②逻辑严谨，思路清晰。

和导师沟通交流前，应做好充分准备；沟通过程中，要注意自己语言表达的逻辑，毕竟现场表达比书面表达更能反映出一个人的惯用思维以及逻辑严密度。

③表明来意，详略得当。

和导师沟通时，务必表明来意，同时也应该注意详略得当，切忌做"流水账"。可以表明自己对某方向的强烈兴趣，强调已有的专业基础和素养等，让导师在有限时间内最大限度地发现你的闪光点。

④注重仪表，礼貌周到。

见导师时，要注意自己的形象和礼仪。仪表衣着上，要保持干净整洁，体现自己的学生身份。同时也要注意礼貌方面的细节问题，如称谓、敲门、致谢等。

以上内容主要讲了如何为联系导师做好准备以及如何和心仪的导师联系等，适用于初次和导师建立联系。那么建立联系后，我们又应该如何和导师日常相处呢？希望下面的内容能够帮助到大家。

二、与导师相处

（一）沟通时注意方式方法

在与导师沟通时应注意方式方法，方法得当则可事半功倍。同样一个意思，用不太恰当的方式表达则可能会带来歧义，最终影响沟通效果，甚至带来不必要

的麻烦或者误会。与导师沟通时，下面这些要点会很实用。

1. 因人而异

要了解导师的性格类型、做事习惯、语言风格，在与导师交流时要站在对方的角度，尊重对方的习惯。假如导师是急性子，那么你就该言简意赅地表达清楚自己的想法而不应拖泥带水。反之，如果导师是慢性子，那么你在阐述问题时也要注意放慢语速，使双方的节奏保持一致。

2. 扬长避短

言语要能够展现我们的态度和优势。涉及自己熟悉的领域或者课题时，我们可以大胆进行讨论、发表观点。但若是涉及自己并不得心应手的领域则勿多言，因为此时只会说多错多。积累了一定知识、足够了解情况后再发表经过深思熟虑的见解，才是明智的做法。

3. 委婉表达

说话是一门艺术。与导师沟通时，我们的表达需要委婉和恰当，因为得体的表达能给导师留下良好的印象。比如，表达不同意见之前可以先表达我们的赞同，使用"我赞同……但同时……"这样的表达方式。又如，提建议时不要说"我认为""你应该"，而是说"我们是否可以这样考虑……"。

4. 善用肢体语言和表情

沟通时很重要的一点就是要传达我们的态度和想法，而肢体语言和表情则能够很好地帮助我们快速准确地传达信息。比如，适时的点头、赞同的眼神等既能将你的认同反馈给导师，也能让导师感受到你的认真和投入。

5. 认真倾听

少一些套路，多一些真心。作为学生，和导师沟通的最好方式莫过于真诚地和导师相处。而真诚的沟通中不容忽视的一环便是倾听，我们应该做一个好的倾听者，不漏掉重点要点，认真领会。

语言沟通不仅仅是一种交流的方式，同时也是一门需要我们不断发现、琢磨和领悟的艺术。与导师进行沟通的相关要点和方式方法可能还有很多，但是核心都是不变的，那就是站在导师的角度，真诚地沟通交流。

（二）相处时的礼仪

正所谓"尊师重道"，在和导师沟通、相处的过程中，礼仪是学弟学妹们千万要注意的。以下都是小思划的重点，不容忽视。

（1）礼貌和尊重是必须遵守的原则

在与导师相处的过程中，首先要注意的是体现对导师足够的尊重和礼貌，比如使用"您""××教授"这样的称呼。要避免使用反问语气。即便是和很平易近人的导师开玩笑，也要注意分寸。

（2）对导师给的相关材料应妥善保管

导师基于对我们的信任会把自己的一些知识成果分享给我们，此时我们要注意保护好导师的知识产权，使用时也一定要得到导师的许可和授权，更不要随意分享和传播。

（3）切忌截图、录音甚至传播和导师的聊天记录等

网络时代，在不知情的情况下被截图或录音是每个人都不乐意的，导师当然也不例外。随意传播和导师的聊天信息更是不可取的，如果确有需要，应当事先征得导师的同意才行。

（4）注意界限，不要关注导师的私人信息

虽然导师是我们的良师益友，但我们和导师之间也要保持必要的界限感。不要过分关注导师的隐私、逾越界限，而应给导师留一个充足的私人空间，切忌当一个冒失鬼。

（5）切忌妄自尊大和妄自菲薄

在与导师沟通的过程中，要有对于自我的正确定位和正确认知。不要妄自尊大，过分夸大自己从而引起不必要的麻烦；但更不要妄自菲薄，对自己没有信心，畏首畏尾。

（6）切忌有不真诚行为

真诚对待他人永远都是交往的不二法门，态度真诚的学生更容易让导师产生好感。导师在人际交往上都有很多经验，不要耍小聪明，否则我们的小心思很容易被导师识破。

（7）切忌不懂装懂或有错误却不指出

导师辅导我们的初衷就是让我们有所收获，不懂装懂、没有自己独立的思考和想法都是导师不愿意看到的局面。认真而不敷衍，客观而不谄媚，才是我们应该有的态度。

特别提示：由于不同导师的个性特征不同，其行为处事风格也不尽相同，除了掌握以上最基本的相处之道外，也要学会具体情况具体分析。

总之，沟通时善用换位思考的方法，我们的表达才更容易被理解和认可。学弟学妹们一定要主动和导师交流沟通，定期以线上或者面对面的方式，将我们的成长和想法汇报给导师，并在交谈中体现自信和礼貌，赢得导师的信任和支持。

三、与导师沟通小贴士

Q：和导师沟通时很紧张，很多时候不知道想说什么、该说什么，该怎么办？

A：针对这种情况，建议沟通前做足准备。带着待解决的问题或者大纲与导师沟通，更有助于我们理清思路，有条不紊地表达，提高沟通效率。

Q：如何做一份优质、有亮点的简历（材料）？

A：一份优质简历（材料）的长短要适中，太短会显得材料不充实，太长又容易让导师找不到重点。所列举奖项和事项应与简历（材料）的用途一致，否则该简历（材料）就无法起到向导师自荐的作用，反而形成干扰。从整体上讲，简历（材料）也要追求美观，不能过于粗糙。

Q：我应该怎样拉近和导师之间的距离呢？

A：首先，导师一般来说都是比较忙碌的，想要拉近与导师之间的距离，我们就得主动和导师保持联系。其次，拉近与导师之间的距离的前提是尊重，我们可以和导师闲聊、开玩笑，但需要注意分寸。最后，信任导师，向导师进行"自我曝光"，可以让导师对我们的印象更深刻，对我们的情况更了解，进而使我们轻松地拉近与导师之间的距离。

Q：为什么导师很优秀，但我的进步却很小呢？

A：进步很小或者事情的进展不顺，其实很多时候都是因为我们和导师沟通后没有及时自我调整和付诸行动。只有及时调整自身状态、学习方法、努力方向等，并不折不扣地付诸行动，与导师的交流沟通才具有意义。

学业

提\升\篇

第六章
竞赛达人养成计划

　　大学生竞赛不同于中小学生竞赛：第一是竞赛的数量多，从校内的社团、学生会到校外的企业、机构、学会，都会举办各类比赛。第二是竞赛的层次多，国家级、省级、校级、院级……一些名称相近的比赛，级别却可能相差甚远；甚至同样一个比赛，在不同的学校、不同的学院也会有完全不同的认可度。第三是竞赛的种类多，有学科竞赛、双创竞赛、综合素质类竞赛（如辩论赛、演讲）等等。面对"乱花渐欲迷人眼"的众多竞赛，我们需要参加哪些竞赛？什么时候参加？如何才能赢得竞赛？为此，本章首先从竞赛的普遍性出发，帮助大家了解一些普适性的流程、要求等；其次，从竞赛的特殊性着眼，帮助大家在纷繁复杂的比赛项目中明辨方向，学会运用一些基本的原则选择到适合自己的竞赛项目。

　　下面主要就没有专业限制、参与度及赛事水平均较高的创新类竞赛、创业类竞赛、数学类竞赛、英语类竞赛等四大类竞赛向大家逐一介绍。同学们还可以关注与所学专业对应的、影响大且长期举办的全国和省级学科竞赛。

一、创新类竞赛

创新类竞赛属于科研型竞赛，是比拼科研项目的比赛，其参赛作品基本为大学生自主研究的项目。目前高校内影响最为广泛的科研创新类比赛，应该就是"大挑"和"大创"了。

所谓"大挑"，全称为"'挑战杯'全国大学生课外学术科技作品竞赛"，每两年一次，与"小挑"（"创青春"全国大学生创业大赛）间隔举行。申报参赛的作品分为三类，分别是：

①自然科学类学术论文；

②哲学社会科学类社会调查报告和学术论文；

③科技发明制作。

需要说明的是，毕业设计和课程设计（论文）等培养计划强制要求的科研成果均不在申报范围之列。

所谓"大创"，其实不能算是一项比赛。"大创"全称为"大学生创新创业训练计划"，其申报程序基本类似于高校老师的课题申请。以下几个时间节点需格外关注：

①提交立项申报书。需在截止日期前撰写好申报书，并按要求提交。

②立项答辩。需在答辩前做好准备工作。

③结果公示。在结果公示后就可以开展项目研究。

④中期检查。在项目进行到中期时会要求团队提交中期检查报告，同时也需注意报账的相关通知。

⑤结题。结题都会有截止日期，在这之前团队需按结题要求提交"调研报告""论文"等科研成果。

以 2020 年度为例，"大创"分为创新训练类（非交叉学科）、创新训练类（交叉学科）、创业训练类、创业实践类等四类。立项等级分为国家级、省级、校级三类，且学院也可以自主设立院级项目。"大创"中的创业类计划此处不讨论。近年来，"大创"立项率受到逐年控制，学校也在不断规范这一重要"比赛"，立项要求不断变严，申请难度逐渐上升。

"大创"作为一项重要的科研创新训练活动，是同学们在大学阶段可以积极争取的重要的科研锻炼机会，能够帮助我们提升科研能力，增加科研经历，有助于未来的论文写作以及争取进入科研课题组的机会等。

对于初次参加"大创"与"大挑"的"萌新"们来说，我们不建议直接当队长、带团队，因为"选题""联系导师""安排任务"的能力，甚至对竞赛的熟悉度，都是需要锻炼与积累的。低年级同学可以先参加学长学姐的队伍，熟悉赛事，了解自己欠缺的能力，积极提升自己，为再次参赛做好准备。

关于两类竞赛更详细的介绍，大家可在校团委和教务处网站搜索有关内容，也可浏览相关论坛等，本章限于篇幅，不做详细讨论。

参加科研类竞赛，关键在于找好导师，找好团队与项目。项目或者选题，在很大程度上直接决定了项目的获奖等级。就社科类科研竞赛而言，选题时最要紧的一件事其实就是跟紧社会热点，尤其是国家的时政热点。表 6-1、6-2 列出了 2019 年两项竞赛部分优秀社科项目的名称，大家由此便可知其一二。

表 6-1　2019 年"大挑"国赛一等奖名单（部分）

项目名称	参赛大学
设计立县：基于福建松溪的设计扶贫实践与模式更新	华东理工大学
关于"塔西佗陷阱"的研究——政治史学视野下的文本追溯与古今之辩	重庆大学
产业驱动的乡村振兴之路 3.0 版——对浙江省 9 镇 36 村地方产业驱动乡村发展的典型模式研究	同济大学
脱贫长效机制研究——基于中部三省四县的调查	复旦大学

续表

项目名称	参赛大学
制造业中小企业创新的成功之路——"协同创新＋靶向服务"的江阴经验	南京大学
农房共享、融通城乡：农村闲置房屋盘活利用的可行模式探索——基于陕西高陵、湖南浏阳两地三案例的调查研究	江西师范大学
新旧动能转换背景下传统制造业"潮涌现象"的形成与演化机制研究	齐鲁工业大学（山东省科学院）
信息流广告的广告相关性如何提升广告转化率的机制研究——基于有调节的中介效应模型	南开大学

资料来源："挑战杯"官网（http://www.tiaozhanbei.net）。

表 6-2 2019 年四川大学"大创"国家级、省级项目名单（部分）

项目名称	立项级别
多灾害风险下韧性城市建设研究——以四川省为例	国家级
AI 辅助诊断的法律问题——以四川大学华西医院为调研平台	国家级
川西北高寒藏区深度贫困的分类诊断与长效破解：基于德格县的调查研究	省级
精准扶贫背景下贫困地区产业融合扶贫规划模式探索	省级
区块链技术在农业供应链金融中的应用研究	省级
乡村振兴视域下村民参与农村环境共治的困境与引导机制研究	省级

资料来源：四川大学教务处网站。

选择指导老师时，建议寻找在选题相关领域科研经历丰富的教授或副教授。因为他们深耕这个研究领域，对这个领域有更多认识，能对我们做更多深入浅出、切实中肯的指导，帮助我们找准科研方向，选好研究方法，获得更规范的科研训练，从而让团队在立项上更有优势。

至于"先找导师还是先想课题"这个问题，当然要看初创团队或者初创个人的意愿。如果已有非常想研究的方向，就可以凭此直接去找老师交流。如果初创团队很迷茫，只是略有一点方向，就可以多向老师（也不用局限于某一个老师）

请教。

至于团队成员，最重要的是做事"靠谱"，并且成员间要合得来。我们可以邀请一些综合素质高的同学，但也可以关注周围有某项专长的同学。组队时要善于发挥每位成员的特长，如成绩最好的写理论基础，天生就有管理才能的就负责组织安排工作。

确认好以上几个关键点后，队长的坚持和担当就显得非常重要了。由于上述两个科研类竞赛的战线非常长，"大挑"从提交项目书（12月）到省赛（次年6月）再到国赛（次年11月），持续近1年，"大创"的持续时间也约为1年，这一过程中一旦队长表现出信心不足，会影响整个团队的战斗力。并且战线拉长过后，团队成员难免会遇到突发状况，或者显露疲态，这就需要队长督促成员做好有关工作，甚至是自己把工作接过来做好。

二、创业类竞赛

"双创"浪潮席卷全国，双创比赛是造就"大众创业、万众创新"生力军的重要平台，也是当代大学生施展才华的舞台。由教育部会同相关部委共同主办的中国（从第六届起更名为中国国际）"互联网＋"大学生创新创业大赛（简称"互联网＋"，详见 https://cy.ncss.cn）和由团中央主办的"创青春"全国大学生创业大赛（简称"小挑"，详见 https://www.chuangqingchun.net），是面向大学生的最高级别的两项双创竞赛，其中"互联网＋"比赛甚至已经成为全球参与人数最多的赛事之一。通过参加这样高水平的双创比赛，大家不仅能够丰富自己的课外生活，锻炼自己的双创能力，还能获得比较可观的推免加分——我校针对"互联网＋"国金项目更有直接推免的名额……一不小心，说不定就能顺便实现一个"小目标"！

两大创业比赛大致分为创意类、创业类、公益类三大类，各类别下会细分组别，有相似的评审规则。如创新创业类比赛的评价要点为项目的创新性、商业性、团队情况、社会效益，同时项目的商业逻辑、技术逻辑和价值逻辑也在考察范围之内。

要如何来准备创业类竞赛呢？

首先，我们要选择一个有价值的题目（即抓住市场痛点）。价值是我们创业的内在驱动力，包括商业价值和社会价值。什么是商业价值？就是解决这个问题有没有市场、市场有多大、盈利模式如何。创业产品都需要个人或企业为其买单。客户为什么愿意买单呢？那就得有刚需，比如原生产方式成本极高、原产品达不到某种特定要求、原产品有巨大不良影响（如某药物有巨大毒副作用）。能提供更有优势的产品或服务，才能赢得目标客户的青睐，赢得市场。此外，在具有商业价值的同时，项目的社会价值也很重要，比如能够带动多少就业，可不可以助力脱贫，或者能不能打破国外技术垄断（如制造芯片的核心技术），能不能解决当前的社会难题等（如癌症、艾滋病、慢性病等疾病，环保、能源等问题）。

其次，要组建一支"梦之队"。团队组成当然是"斜杠青年"越多越好。成员应具备一些基础素质，如特别有热情、特别能合作、特别能干……成员之间专业能力应合理匹配，理想的成员构成为：2～3个技术"大神"；至少3个商业精英，1个负责财务融资、1个负责商业市场、1个负责其他工作；1个口才极佳的答辩人（当然，答辩人最好是项目负责人）；1～2个"美容师"，负责 PPT、文本、logo（标志）等美化设计，有人会视频制作则更佳。有条件能邀请到适合的创业导师和技术导师（分别担任团队的商业顾问和工程顾问），就更完美了！

当然，项目本身价值如何是最根本的。针对项目本身，建议：根据项目所依托的核心技术，做好目标市场选择和项目定位（或者基于市场进行产品技术研发，这个可能很少）；好好打磨自己的产品与技术，尽量保证足够高的技术壁垒（如一定数量的专利、某些独家技术手段），最好能够证明技术的先进性（如利用

科技部查新报告）；明确本团队的核心竞争力，进行公司财务、人事、营销、发展规划等。为了使项目具有更高的可行性，也可以去请教业界大佬，请他们提供一些与自己项目相关的帮助和指导。如果能在项目落地方面取得一些实质性进展，项目当然就会更具竞争力，如拿到行业关键合作伙伴的战略合作协议、一定数额的（意向）售卖合同、一定数额的（意向）融资等。

最后，是要完美地向评委呈现自己的作品。作品（商业计划书）主要包含市场痛点、产品技术、市场分析、营销计划、团队结构、财务计划、融资计划等，每个部分都要理清逻辑、突出重点，而且要用最关键的数据、材料去印证。

（注：感谢四川大学大创菁英联盟提供本小节部分内容。）

三、数学类竞赛

数学类竞赛主要包括数学竞赛和数学建模竞赛。数学竞赛中最具代表性的是全国大学生数学竞赛（CMC），初赛在 10 月中下旬，决赛在次年 3 月中下旬。数学建模竞赛中最具代表性的是全国大学生数学建模竞赛（CUMCM，简称"国赛"，每年 9 月举行）、美国大学生数学建模竞赛（MCM/ICM，简称"美赛"，每年 1～2 月举行），除此之外还有"深圳杯"数学建模挑战赛（与校级建模比赛绑定）、亚太地区大学生数学建模竞赛（APMCM，每年 12 月举行）等比赛可以参加。通常在比赛前几个月，教务处网站会发布相关的报名信息。除了上述国家级、省级比赛，学校每年 5 月也会举办校级的数学竞赛和建模竞赛。

（一）数学竞赛

1. 考查内容

全国大学生数学竞赛将参赛者分为非数学专业类和数学专业类。初赛阶段，非数学专业类的竞赛内容为大学本科理工科专业高等数学课程（只有高等数学一门课程）的教学内容，包括高等数学教材中出现的选修内容；数学专业类的竞赛内容中，数学分析占 50%，高等代数占 35%，解析几何占 15%。

至于决赛阶段的考查内容，此处不展开介绍，有需求的同学可以上网查询，或咨询"大川小思"学长学姐们。

2. 比赛难度

数学竞赛报名门槛低，参赛人数逐年增加。如果同学们报名参赛并在考试当天认真完成了试卷，就超越了一半左右的选手了；如果数学基础还不错，而且在考试前花了时间备赛，那么拿一个省奖的可能性很高。不论天赋如何，如果能系统地、有效率地备赛，那么相信决赛中一定会有同学们的身影。

3. 参赛意义

参加比赛最直接的收获肯定是获得奖项，但是最大的收获应该是体会到数学之美。学弟学妹们经常问到的问题是"我没有信心，觉得自己的数学并不好，那我可以参赛吗"，对此，学长学姐首先想问："你喜欢数学吗？或者你想提升自己的数学能力吗？"如果你的回答是"Yes"，那你在数学竞赛中一定会有收获，无论是否拿奖。大学生数学竞赛绝不仅仅是"大佬"的舞台，更是每一个数学爱好者挑战自我和深入了解数学的机会。很多同学最后接触数学的机会就是不得不学的大学数学基础课程，而数学竞赛则额外提供了一个自我激励的契机，让大家有机会去了解数学、学习数学。相信大家在不同的心态下一定能获得不一样的体验。

4. 如何备赛

备赛方面，需要结合自己当前的水平和目标制订计划。

对于上高数专业课都还比较吃力的同学而言，只需要认真复习高数教材即可，争取熟练掌握基本的概念和公式。因为非数学专业的竞赛题目有明显分层，在当前获奖分数线极低的情况下，只要稳稳地完成了所有"送分题"，就有三等

奖保底了。因此，对这类同学，建议不必专门备赛，将基础打扎实就会有收获。

对于数学功底还不错，希望在初赛获得较好成绩的同学而言，关键在于备赛效率。较为普遍的情况是大家时间、精力有限，也不追求能杀入决赛，那么高效率的备赛就很关键。学长学姐的一点心得是：首先快速过一遍考纲和教材，结合自己的高数知识，明确要考什么内容，并建立起总的知识结构；然后浏览 2～3 套往届的题目，以此分析自己目前的水平，理解试卷构成，如对自己而言有多少是"送分题"，有多少是难题，并在这个过程中找出自己的薄弱点加以训练。对能掌握的题型，按照章节梳理基本概念、基本思想和基本方法，总结归纳经典题型的解法，并进行有针对性的练习。

对于立志闯进决赛的同学，首先向你们表示钦佩！进入决赛往往需要完成 80%～90% 的预赛题目，如果不是拥有较高的天赋，通常需要大量的练习，以训练出超强的计算能力与准确度。不过，大道至简，大量练习，积累技巧，时常复习、总结和归纳，是应对考试的不二法门。

5. 资料推荐

①可以参考第二章高等数学学习攻略部分的资料，打牢基础。

②《全国大学生数学竞赛大纲》（数学类/非数学类）。

③《大学生数学竞赛习题精讲》（陈兆斗等编）。

④《吉米多维奇数学分析习题集》（费定晖、周学圣编著）。

（二）数学建模竞赛

1. 比赛形式

数学建模竞赛通常要求在 3～4 天的时间内，3 名同学以团队形式展开合作，在 3～6 道具有实际背景的选题中任意选择一题，完成建模、求解并且以论文的形式展示解决问题的成果。

2. 参赛意义

参加数学建模竞赛的时间成本较高，有良好的参赛心态是很重要的。如果参加一轮校赛、国赛、美赛，单是比赛时间就超过 10 天，因此决定参赛前，一定要思考清楚为什么要参赛。一些学长学姐的体会是，建模竞赛让大家有机会思考并解决一些有趣且脑洞大开的问题，有助于锻炼参赛者的综合能力，包括信息检索、文献阅读、自学应变、系统化分析、论文写作、团队协作的能力等等，这些都是远超获奖本身、可受益终身的收获。从广义来讲，现代科学任何一个领域其实都可以通过数学建模的方式将实际问题转化为一个个数学模型，从而借助数学工具和计算机模拟解决。数学建模竞赛给大家提供了一个锻炼自己这些能力的机会：如何一步一步做简化和假设，将面对的问题转化为一个数学问题（建模能力）；如何借助计算机模拟去近似解决（求解能力）；如何协调团队成员高效合作攻坚克难（协作能力）。这些能力的培养对于任何一个学生来说都很重要，有助于其在高年级（研究生）阶段的学习，以及未来成为其领域内的精英。

3. 赛前准备

（1）组队

组队是参加建模竞赛的第一步，往往也是最重要的一步。组队时需要考虑成员之间的专业互补或者特长互补。每个成员都应该把自己当作团队主力，为团队做出自己的贡献，队员有责任心且能互相配合是成功的关键。队员应该在建模、编程、论文三方面各有分工，但同时也要有一定的交叉，只有这样团队才能真正有效地协同发力。组好队后要多练手、多交流。从开始组队到最后的竞赛，准备周期很长，应尽可能保持团队的稳定性，因为经常更换队员不利于相互配合。

（2）建模能力储备

如果打算系统地建立建模的知识体系，最经典的入门教材是姜启源等著的《数学模型》。该教材由全国建模委员会专家共同编写，是服务于所有参赛选手的

权威教材，也是参赛选手系统学习数学建模的必备教材。此外，司守奎的《数学建模算法与应用》一书涵盖了数学建模的一些常见模型方法，虽然讲解比较枯燥，但可以作为知识框架学习的基础资料，结合相关模型的博客和应用案例一起学习。机器学习和数据相关的算法模型可以参考清华大学的"数据挖掘"慕课（MOOC）、李锐等翻译的《机器学习实战》，以及李航的《统计学习方法》等资料。

不过建模竞赛的题目背景广泛且复杂，往往难以充分准备，从优秀论文和实践入手是提升建模能力的有效方案。研读往届的优秀建模论文，体会他们思考问题的思路及建模的方法，学习他们论文的结构，是提升建模能力的上佳方法。同时，推荐阅读《美国大学生数学建模竞赛题解析与研究》。这套书汇总了历年美赛各个题目下的优秀论文的思想，适合大家模拟练手，从中不仅可以学习到优秀的解法，更关键的是可以在练习中摸清大家的技能和大体的选题方向。在学习优秀论文时，团队成员应该一起讨论，把别人的思路理解清楚，并分工合作，学习文章的写法，找到优缺点并尝试改进。这样锻炼几次才能真正有所提高。

（3）**编程能力储备**

编程方面，一切的出发点都是解决问题。建模过程中可选择的求解工具非常多，Python、MATLAB、SPSS、LINGO、R都能解决特定方面的问题，因此具体选择何种工具既要考虑编程的同学的水平，也要考虑团队的选题方向，具体问题具体分析，始终将问题的解决作为唯一的目标。团队中至少应有一个人精通一门计算机语言。对于有可能用到的算法，队员能够自己理解清楚并写代码实现是最好的，但算法众多，不可能一一自己实现，这就要求编程人员有熟练搜索并调用现成开源代码来解决问题的能力。开源代码在竞赛中可以使用，但需要根据具体问题做相应修改，至少需要明白所有的输入输出，能够选择恰当的输入参数运行代码以得到具体问题需要的结果。

（4）**论文写作能力储备**

论文写作方面，推荐使用 Latex 排版。Latex 看似复杂，但是有了模板，只要掌握基本的公式编辑、插入图片、绘制表格、设置目录、编制索引等常用的命令就可以完成 95％以上的工作。大家搜索相关建模竞赛的模板即可在实践中快速上手。另外，Overleaf 网站提供了在线可协作的 Latex 环境，可以省去安装的烦琐过程。

论文写作的两条黄金原则是逻辑至上、简明至上。逻辑至上是指一定要让文章逻辑严密，从篇章到段落再到句子，甚至每个词在文章中都有自己的逻辑位置。简明至上是指写好一段话之后，细读一遍，如果某个句子或者词语被删掉后不影响语义的表达，那就删掉它。若能做到这两点，那么在论文语言上你们就超越大多数队伍了。

好看的图表不仅美观而且能高效传递信息，因此优秀的数据可视化图表是论文中非常加分的点。这里推荐一些常用的数据可视化工具：MATLAB、Python、Origin、Tableau（尤其是有地图的图）、PPT、ProcessOn。作为常常被大家忽略的作图"神器"，PPT 其实非常好用，不论是决策树、示意图还是结构图，都能轻松处理。在论文中，虽然表格和图片的确很重要，能够直观清楚地展示思路和结果，但一定要注意图文搭配。正文中不适合放太多表格或图片，也要避免一整页都是表格或者图片的情况。正文中的图表应该有代表性，能够直接展示建模思路、模型特点或者计算结果；大量的表格或图片可以放在附录中。展示计算结果的图片最好直接由所使用的计算软件生成；清晰地展示模型结果最重要，不需要太花哨。正文中还要尽量避免使用从网上或者其他资料中直接复制的文字或者图片。要严格遵守学术道德和规范，引用他人成果需注明资料来源。

4. 注意事项

(1) 竞赛题型

数学建模竞赛的题目灵活多变，背景复杂，题型之间没有明确的界限，大致可以划分为四大类：

①连续型：主要变量为连续值，靠物理模型+微分方程或者是优化模型求解。一般是用微积分方程描述问题中各变量之间的守恒关系，再加上合适的初值或边值条件，得到的数学模型往往为完整的微分方程或者方程组。此类模型一般需要借助计算机进行数值模拟求解。这种类型的题目往往也会给定一些相关的试验数据，这些数据可以用来拟合模型参数或者检验模型的计算结果。这类题目一般适合数学、物理基础较好的团队选择。

②离散型：主要变量为离散值，大多为优化问题，需要选择合适的目标函数，建立恰当的约束条件，并利用某些优化软件或工具箱，抑或是某些启发式的搜索算法求解。常见的模型有图论、排队论、规划问题、博弈论、多元分析等。

③数据类：这类题目会给出相关问题的大量数据，要求参赛团队挖掘出隐藏在数据背后的规律，并将其应用于新的情况或者预测未来的情况。通常采用简单的统计模型并结合机器学习的一些算法求解。常见的模型有分类、聚类、回归、降维等等。数据类的题目适合统计水平和编程水平较高的团队选择。

④评价类：包括对环境、经济、公共服务等政策的评价。常见的模型有层次分析法、成本-收益分析法等。这类题目一般对数学的要求不高，但是对文字描述和逻辑分析的要求较高。评价类问题一般需要选择恰当的评价指标并把指标量化，最终基于可计算的量化指标评价策略的好坏。要充分考虑影响结果的相关因素，从中挑选最主要的和容易量化的作为指标。量化过程具有一定的主观性，但需要结合实际情况说明量化过程中的假设的合理性和最终模型评价指标的可用性。只有中间每一步都有一定的客观合理性，我们才能实现自圆其说。

（2）**论文结构**

①题目：最好能体现团队的主要思路（例：基于×××方法的×××），而不是照抄原始题目。

②摘要：核心是要说清楚模型的逻辑和结果。摘要单独占一页，不超过一页，以 3/4 页为宜。摘要最后应该有关键字。一般建模问题都有几个小问，因此写作摘要时，宜先写一小段总体思路描述，然后就每一小问写一段，即用什么方法得到什么结果。例如：针对问题一/二/三，我们基于×××（假设、思想），建立了×××模型，利用×××方法求解，得到了×××结论。

③引入：问题背景、问题重述、模型假设、符号说明、问题分析。问题重述最好不要照抄原始题目，而要按自己的理解简单写一下题目要求做什么事情。模型假设不要太多，条数以个位数为宜。一定不能有明显错误的假设，因为假设有明显错误可能导致评委老师完全不认可你后面的论证工作。在模型假设后面一般还会有符号说明。符号说明不宜太多，文章中重要的符号要列清楚，偶尔用一次的符号可以不列。优秀的获奖论文一般在模型建立之前还会有一小节"问题分析"，意在把思路和想法介绍清楚，通常会包含整体的建模思路和针对各小问的分析。

④模型的建立：每一小问的模型建立与求解可以交错，也可以拆分为两个大的部分。在有些情况下，这一环节一开始还要有一个"建模准备"，介绍建模需要用到的重要方法或者数据的预处理。这一部分应包括模型的建立过程，即怎么一步一步地根据假设做计算和推导，从而得到最后的模型。最重要的是，这一部分一定要有一个明确的模型并且清楚地写出来，类似于"经过前面的分析，本文建立的模型如下：……"。如果使用了不止一个模型，模型之间应该有递进关系（如适用范围不一样，难易程度不一样，或者对问题的简化程度不一样等），切忌简单罗列一堆模型。模型应该以问题为中心，要能够切实解决题目所提的问题，

而不能以自己熟悉的方法为中心。没有哪个方法可以适用于所有问题。

⑤模型的求解与参数估计：需要写清楚求解使用的方法、求解过程和计算结果。对计算结果需要结合问题进行分析和解释。切忌以简单一句"根据××软件计算得……"这样的方式来处理。哪怕计算过程的确只是调用了某个软件包或者开源代码，也需要写清楚具体是怎么使用的，比如输入参数是如何根据具体问题选择的。

⑥可靠性检验、灵敏度分析：需要对模型的计算结果进行分析和解释，并考虑当某些假设、简化条件不满足，或者数据有误差时，模型的计算结果会有多大变化，应该怎么处理。

⑦讨论：分析模型的优点、缺点、可以改进的点，以及可以拓展到哪些应用领域。优点肯定要写，且要据实写，不宜太夸张。缺点肯定存在，但只需列出主要的即可，不宜列太多。同时，至少要简单说明改进的思路和方向。

⑧结论：根据结果得出最后总结。

⑨附录：参考文献、代码。在正文中引用过的文献必须列在参考文献表中，没有引用的不必列。参考文献最好是教科书或者正式发表的论文，不能是某某博客或者某某百度网页、贴吧之类的。计算用的代码、大量重复的数据或者图片需要放在附录中。计算机程序不能从网上原封不动地复制，要遵守竞赛规范，独立思考。

（3）时间安排

虽然美赛和国赛的比赛时长以及比赛的具体时间节点有差异，但是流程是相似的。下面以美赛为例简单梳理一下比赛时间节点的安排：

①赛前一天：检查报名信息，准备 Latex 模板，梳理分工和时间表。

②第一天上午：阅读各个题目，查阅相关资料，分析可能的方法。

③第一天下午：确定选题，继续收集资料。

④第一天晚：建立初步模型，初步求解，开始用中文写作问题背景等部分。

⑤第二天：检查假设，优化模型，撰写模型优缺点和结论部分。一旦你找出了模型的缺点，就应竭尽所能去完善它。同时也要开始写论文中能写的部分。

⑥第三天：完成论文初稿，反复打磨摘要，进行数据可视化处理（附图表），进一步优化模型并检验模型灵敏度。

⑦第四天：开始翻译论文、排版；继续打磨摘要；先分头修改论文，然后一起修改，检查无误后提交论文。

另外，每一天都一定要有反思调整。有的团队在建模时可能会选择点外卖来节约一点时间，但是学长学姐建议最好还是去外面就餐：一来经过长时间紧张的建模后队员需要到室外调整心态，二来路上大家可以交流、总结这半天自己做了什么、有什么成果，并讨论下面的时间该做什么。

（4）赛后总结

建模竞赛的结束，往往伴随着熬通宵赶论文的疲惫。稍作休整之后，大家一定要抽时间复盘，反思在这次竞赛中的优点和不足，总结思考的逻辑和解题方法。

四、英语类竞赛

全国大学生英语竞赛（National English Competition for College Students，NECCS）由教育部高等学校大学外语教学指导委员会和高等学校大学外语教学研究会联合主办，是我国目前规模最大、参与人数最多的全国性大学生英语综合能力竞赛，受到学校和师生的广泛认可。

竞赛的报名一般在每年 12 月下旬启动。具体如何报名，可查看教务处相关通知。2019 年报名费为 50 元/人。竞赛分为初赛和决赛，初赛成绩较好者可参

加决赛。如在决赛中名次靠前,将有机会获得学校资助,参加全国总决赛。全国总决赛为期一周,参赛者将会和来自全国各地的优秀选手进行交流,还可以顺便游览全国总决赛举办城市的风景,这是不可多得的体验。

初赛时间为每年4月第二个星期日上午9:00—11:00。竞赛分A、B、C、D四个类别,全国各高校的研究生及本科所有年级学生均可报名参赛。A类考试适合研究生参加,B类考试适合英语专业本、专科学生参加,C类考试适合非英语专业本科生参加,D类考试适合体育类和艺术类的本科生和非英语专业高职高专学生参加。由于大部分同学将会参加C类考试,因此本书以C类为例进行讲解。

想要在该竞赛中取得比较好的成绩,需要一定的英语水平、一定的赛前准备和一定的参赛技巧。大部分川大同学的英语水平还是不错的,只要在比赛前做一定的准备,还是比较容易拿到奖项的。接下来就详细讲一讲如何准备该竞赛。

比赛时间是在4月中旬,建议提前一个月到一个半月开始准备。具体来讲,首先需要每天抽出一定的时间背单词。可以从六级单词开始背,如果六级单词很多(一半以上)都认识,也可以背一背更难的托福和雅思考试的单词。在背单词的时候要注意一词多义现象,并且最好记住发音,做到听音知义。英语能力的提升重在平时,所以要做好日常积累,不能全部指望考前的准备。

除了背单词以外,每周应做两套完整的往年真题,做完后自己对照标准答案批改。这样做,在熟悉竞赛题型的同时也可锻炼手感。一定要注意按照竞赛规定的时间做定时训练,因为英语竞赛的题量很大,在保证正确率的同时保持较快的做题速度是取得好成绩的关键。竞赛官网(http://www.chinaneccs.org)给出的历年样题,也是很有参考价值的。此外也可以购买竞赛辅导书,网上可以找到出售的商家。

初赛题目主要有八种题型,分别是听力、词汇和语法、完形填空、阅读理解、翻译、智力测试、短文改错、写作。表6-3对各种题型做了简要的介绍。决赛的题型与初赛一致，难度略有增加。决赛会决出特等奖和一等奖。

表 6-3　大学生英语竞赛各题型简介

题型	简介
听力	有 4 个部分，共 30 分，分别是短对话、长对话、新闻和听写填空。前三部分都是选择题，最后一部分是填空题。听力材料都只播放一遍。整体不是很难
词汇和语法	有 15 道单选题，共 15 分。大部分是词汇题，考查单词和词组的用法。除此之外会有 2～3 个情景对话类小题，凭着对语句的理解和语感做就好了
完形填空	填空题，共 10 分。有三种填空方式：根据上下文选词填空、根据所给单词的首字母提示填空，以及根据所给单词的适当形式填空。做好这部分题目需要比较扎实的语言功底
阅读理解	分为 3 个部分，共 30 分，分别是表格填空题、简答题和摘要题。读懂文章是关键
翻译	分为英译汉和汉译英 2 个部分，共 15 分。注意不要出现语法错误
智力测试	该竞赛所特有的一种题型，占 10 分。题目很有意思，但是一般做到这里时间就不太多了，所以可以直接跳过，等做完后面的题后再回来做这部分题目
短文改错	有 10 个小题，共 10 分。与高考英语中的短文改错相似。考试前应熟悉可能出现的错误类型
写作	分为大作文和小作文，小作文以应用文和描述性作文为主，大作文一般要求给出一个观点并解释。小作文可以提前准备好模板和常用句式。这里的大、小作文和雅思的大、小作文类似，可以按照雅思写作来准备

对于以上八种题型，可以针对自己的短板做分类练习。全国大学生英语竞赛官方微信公众号"NECCS"会按照题型给出题目解析和例题，需要的同学可以进行查阅。

全国大学生英语竞赛对于英语水平不错的同学是"性价比"很高的一项国家级比赛，建议报名的同学做好准备、积极参赛。参加全国大学生英语竞赛既能提升个人的英语水平，也可能拿到国家级奖项，一举两得，何乐而不为？提醒一

点：在比赛当天很多同学很可能会受到其他事情的影响，请报名的同学一定不要弃考，参加考试就等于成功了一半！

英语类竞赛除了全国大学生英语竞赛还有"外研社杯"全国大学生英语系列赛，包括英语演讲、英语辩论、英语写作、英语阅读方面的比赛。赛事官网为http://uchallenge.unipus.cn/。该比赛也是学校认可的重要竞赛，在此不做过多阐述，感兴趣的同学可以自行查找相关资料。

五、竞赛小贴士

（一）创新类竞赛小贴士

Q：我不敢去找老师，怎么办？

A：有的同学想当队长却苦于没有好的项目，其实这个时候可以大胆地去找老师。大家其实大可不必"怕"，就算老师没有项目，也绝不可能在这件事上为难学生的。很多时候老师都会为我们着想，很多理工科的老师就非常期待本科同学主动去找他约项目哦！

Q：学习能力为什么不能替代科研能力？

A：为什么"科研"和我们以前所说的"学习"不同呢？其实，科研的目的是攻克目前尚未解决的问题，这就要求我们要在前人已经探索出的成果的基础上再迈进一步。而要想了解人类目前已经在某个领域进展到了哪里，是一段艰苦卓绝且漫长无比的过程。这也就是为什么科研很难。但我们本科生或者研究生的任务在很大程度上是对前人的理论进行新的应用，这也算一种创新，只是没有前者的创新程度那么高。

当然，本科的同学也不要低估了自己，勤奋、聪慧的同学遇上了好的导师、好的项目，也可能会产出一鸣惊人的成果！我们知道，有些优秀的本科同学就已经以第一作者身份发表了 SCI 论文。这些同学的共同点就是：找对了研究目标，对课题研究有持续性投入，获得了导师、研究生学长学姐的有效指导。

Q：**科研类竞赛门槛高吗**？

A：科研类竞赛大多看重学生的探索与创新能力，旨在激励大学生参与其中，发现科研的魅力，以吸引更多优秀的、有志于科研的同学投身这一领域。研究方法是比赛所考察的主要内容，但研究的内容（主要体现在选题等方面）也非常重要。

Q：**如何才能在竞赛中保持一个好的心态呢**？

A：比赛的结果有一定偶然因素，大家应该放平心态，勇于承受任何结果。没有参加上述比赛也不代表我们的大学生活是不完整的。关于竞赛，我们应该了解自己需要的究竟是什么，是保研加分还是科研能力的提升？换言之，我们必须对自己有一个明确的定位。

（二）创业类竞赛小贴士

Q：**创业比赛项目该如何取名呢**？

A：项目的名称要"稳准狠"，可不能随便取。项目取名要用到许多管理学的知识，需要团队成员字斟句酌。项目名需要易于传播、易于理解、易于记忆。建议项目名称的形式为"A——B"，其中"A"是对项目的精准概括，既要意蕴深远，又要让受众知道项目大致是在做哪方面的事情，而且要将其和项目愿景、项目口号（slogan）和公司标志（logo）设计联系起来，形成有机整体；而"B"是对项目的阐述以及定位，回答的是项目的范围是什么，项目是"领导者""开拓者"还是未的"来定义者"等问题。例如以下所列举的第五届"互联网＋"全国金奖项目的名称就基本符合这一形式：

善测科技——国内领先的重大装备守护神

圣威特——全球领先 VR 解决方案开拓者

牵星医航：智能骨科手术导航引领者

NOLO VR——5G 时代全球移动 VR 的领航者

回车科技——未来全脑智能行业定义者

瑞谱生物——血流感染诊断设备垄断破壁者

承葛生物——精准化菌群移植领航者

超菌克星——细菌性疾病诊断全球领跑者

尾矿寻宝：金属尾矿清洁高效整体解决方案服务商

超集福布师：完全自主可控的中国"强芯器"

万创智造——全球领先的新一代超高精密超硬刀具制造商

艾米森——肿瘤早筛的中国力量

Q：制作答辩 PPT 的关键是什么？

A：项目 PPT 和 BP（商业计划书）摘要"要会说话"。PPT 和 BP 摘要并不是简单的课堂展示，而是项目精华的凝练，是评委短时间评判一个项目好坏的依据。一方面，评委都是工作繁忙的商业人士，没空花太多时间细看；另一方面，几页 PPT 都制作不好的大学生，也很难证明其项目的价值。因此，大家一定要好好设计 PPT 和 BP 摘要，关注每一个细节。一定要打磨好自己的商业逻辑、技术逻辑、价值逻辑，精简凝练，突出重点，让评委得到他们最关心的那些问题的答案：项目好赚钱吗？为什么这个项目能够赚这个钱？这个项目要怎么去赚这个钱？这个项目能不能持续地赚钱？另外，为了更好地展示自己的核心内容，每页 PPT 最好采用"结论＋证明"的形式，如自己是国内领先的×××，可以展示相关新闻图片、权威报告等。

Q：很多项目都处于初创阶段，如何增强项目的说服力呢？

A：实践是检验真理的唯一标准。无论是创意类项目还是创业类项目，已充分得到实践、有良好的证明材料都是有优势的。以"互联网＋"项目为例，项目的技术硬核以及是否已落地或好落地是最重要的评判标准。如果同学们有机会，不妨试着参与技术含量高且具备很强的落地能力的项目。如果项目已经在运转那就更棒了。在回应评分标准里的细节时，最好的证明就是我们的实践材料。如要说明技术有多少创新，可以用科技部查新报告、国内国际发明专利授权，或者某位诺贝尔奖得主的评价；如要分析自己为何比竞争者更好，可以让第三方证明机构出具相关报告，展示出自己的优势所在；如要证明自己的商业模式可行，可以拿出合同证明（战略合作合同、销售合同、融资合同）以及财务数据证明等。

（三）学科类竞赛小贴士

Q：如何准备数学类竞赛呢？

A：备赛应尽量以提升能力为出发点，因为比赛结果有偶然性，但能力上的收获是实打实的。要珍惜自己的时间，以科学的方法备赛，高效率地学习。大道至简，just do it！

Q：如何准备英语类竞赛呢？

A：英语能力的提升重在平时，所以要做好日常积累，不能全部指望考前的准备。不要执着于英语竞赛中的智力竞赛题，要注意时间的合理分配。多背单词，多练听力、口语、写作，不论是否得奖，以后一定会受益！

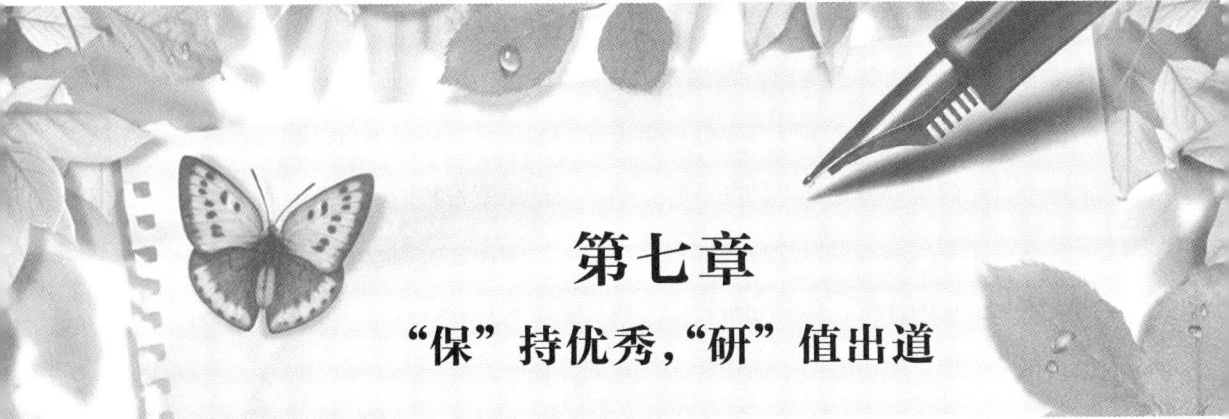

第七章
"保"持优秀,"研"值出道

保研, 即"推免", 官方全称为"推荐优秀应届本科毕业生免试攻读硕士学位研究生"。 相关高校每年的推免生名额由教育部下达。 四川大学作为国内拥有推免资格的 300 余所高校中的"985"、"211"、 双一流建设高校, 近几年的推免率稳定在 20% 左右。 由于各个专业学科属性和不同学院具体政策的不同, 每个专业的推免办法并不一样, 下面仅以四川大学为例, 根据学科属性的不同分别跟大家谈谈如何准备推免。

一、什么是推免?

"推免"俗称"保研", 顾名思义, 是指被保送者无须参加"全国硕士研究生统一招生考试", 直接由就读学校保送至接收学校攻读硕士研究生的研究生录取方式。

推免分为推荐和接收两个阶段。学生获得推免资格后, 在全国推荐优秀应届本科毕业生免试攻读研究生信息公开暨管理服务系统(简称"推免服务系统")

填写报考志愿，接收并确认招生单位的复试及待录取通知。

二、推免流程简介

在前五学期（五年制为前七学期）成绩符合推免要求的基础上，大三（五年制为大四）下学期伊始，推免这场"升学战"从各高校、研究所夏令营发布招生简章起正式打响。其流程如图 7-1 所示。

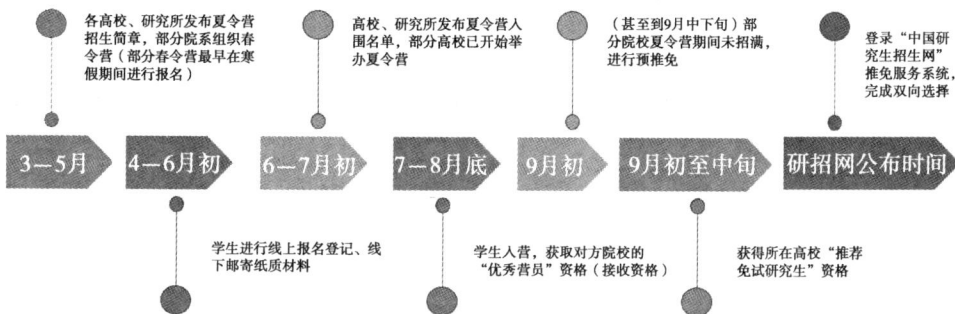

图 7-1　推免流程图

各高校、研究所的招生简章，通常在所申请学校相应学院、研究所的官方网站中发布。每年的简章发布时间变化不大，可以参考往年简章的发布时间提前准备。部分论坛会收集夏令营信息并分类发布，这对没有明确目标院校的同学来说非常有帮助。

3 月到 5 月，部分高校、研究所会根据学员在春令营的表现情况，提前发放接收资格。

4 月到 6 月的工作主要为个人申请材料的提交。收到申请的机构会对申请者进行筛选，也就是所谓的"表筛"。"表筛"完成后，夏令营主办方会通过在官网公示入围名单、发送邮件等形式通知入围同学。

6月到8月，申请推免的同学需要四处奔波，参加夏令营。参加夏令营的意义有二：一是了解夏令营主办方相关学科的发展情况；二是参加夏令营考核，获取"预推免资格"。"预推免资格"就是我们常说的"offer"，拿到"offer"就相当于得到了夏令营主办方的入学邀请函，不过漫长的推免历程至此才刚完成一半。

9月，推免生指标由教育部下发给四川大学，再由学校下发给各学院。学院按照本院推免工作实施细则和综合排名方案择优确定拟推荐名单并公示，无异议后，报学校审核确定学生推免资格。

9月底，学生在获得本校推免指标和对方学校接收资格后，需要在"推免服务系统"完成学校与学生的双选确认，至此即完成了推免的全部流程。

以上为往年常规时间节点，2020年因疫情原因有调整。

除上述推免外，其他推免途径还包括但不限于以下两类：定向推免类（国防科工院校补偿计划、教育部直属师范大学补偿计划）、支教推免。

三、各专业推免攻略

（一）理工类专业推免

推免资格的获取大概可以分为两个比较重要的部分——校内考核、校外考核。简单说来，前者决定了能否推免，后者决定了推免去向。

1. 校内考核

对推免生的考核为过程性考核，是对学生德智体美劳的全面考核。道德品质、人格素养是推免生遴选的首要考核内容；学业考核以学习成绩和一贯表现为基础，突出对创新创业能力的考察，强化对考生科研创新潜质和专业能力倾向的鉴定。同学们从一进入大学起，就要认真努力学习，积极参加健康向上的综合素质教育活动，不断历练，提升自身的品行、素养和能力。

成绩是推免中最为重要的指标之一，无论是文科、理科、工科、商科还是医科的学生，成绩好是获得推免资格最基本的要求之一。大部分学院的推免生排名一般由如下几个部分组成：前六学期加权平均成绩（占 60％）、科研创新潜质及专业能力倾向（占 35％）、社会实践活动及思想品德考核（占 5％）。

（1）**加权平均成绩**

一般情况下，纳入加权平均成绩计算的课程仅包括属性为必修的课程，课程学分的高低，决定了本课程在总成绩中所占权重大小。无论学科、不分领域，更高的"裸分"成绩，值得每一位有志于推免的同学为之不懈奋斗、拼搏。

（2）**科研创新潜质和专业能力倾向认定**

科研创新潜质及专业能力倾向通常由学院组织专家组进行认定。评价时过程评价和成果评价并重，考察内容包括但不限于专业素养、科研潜力、意向研究领域、未来规划等方面。

（3）**社会实践活动及思想品德考核**

该项考核规则因学院而异，各学院会根据学科特点出台相关的实施细则。有选择地参加活动、竞赛、等级认证考试（英语、计算机等），是大学生的常态，也是其学业发展的基础。

对于理工科的学生而言，主要的考核加分点有：发表期刊文章，获得国家发明专利，参与学科类、非学科类竞赛并获奖，获得先进个人等称号，考取技能等级认证，以及参加学生工作等。

相对来说，理工类学生更加倾向于通过大学生创新创业训练、专业竞赛、发表科研文章等途径获得考核加分。需要注意的是，理工科专业竞赛与工商管理类专业竞赛有一定的区别。理工科专业竞赛周期长、技术性强、难度高，同时要求参赛者必须具备一定的知识储备，通常需要参赛者付出 6～12 个月的时间跟进比

赛，低年级学生在重大学科类竞赛中取得优异成绩的难度较大。因此，少而精的学科类竞赛对有学业发展志向的同学来说是不可或缺的锻炼机会，如计算机专业的 ACM-ICPC（ACM 国际大学生程序设计竞赛），微电子专业的全国大学生集成电路创新创业大赛，化工专业的化工设计大赛和化工原理实验大赛等。

非学科类竞赛主要包括由校、院团委组织的比赛，以及对学生综合素质、创新能力、表达交流能力要求较高的"互联网＋"、全国大学生数学建模大赛等系列比赛。

学生工作、非学科类竞赛等也是同学们锻炼综合素质的重要平台，坚持不懈地努力和付出，定会收获成长。

2. 校外考核

以申请时间为依据，校外考核可以分为两部分内容——网申与表筛、夏令营考核，两者的考核形式与考查内容各有侧重。

1）网申与表筛

大部分高校和科研院所的夏令营入营申请都需要经过网申和表筛两个过程。除了注意时间节点，及时寻找相关机构的开营信息，按时邮寄纸质版申请资料，还需要提前准备个人简介。这里只针对个人陈述与专家推荐信的准备做简单的介绍。

（1）个人陈述

个人陈述是申请者对本科学习、生活情况的高度概括，对专业认知的阐述，以及对自我规划的独白，其精髓在于简洁精当、狠抓重点。相较之下，成绩虽然很重要，但更像是敲门砖。优秀的个人陈述不仅能让老师看到申请者的科研素质，而且能让老师看到申请者对学科的热情和对生活的热爱等。如果硬性条件未达门槛，这将是表筛阶段唯一一次展示自己特点的机会。

（2）专家推荐信

一般情况下，只有在申请直博或硕博连读的时候，相关院校会要求学生提交两封由具有副高级及以上职称的专家所撰写的推荐信。有此类要求的夏令营，往往会在发布简章的时候一并发布推荐信的撰写格式。建议提前联系好老师，如果推荐信所写内容属实且申请人足够优秀，老师一般都不会拒绝学生的请求。

2) 夏令营考核

高校和研究所开展暑期夏令营活动的目的在于遴选人才并提前确定推免意向。大部分夏令营会在开营期间安排营员进行面试，部分夏令营也会设置笔试环节。同时，也有部分院校的某些专业不设置笔试、面试环节，仅将夏令营作为学生了解主办方学术发展情况的契机。

（1）夏令营面试

夏令营面试的考核内容主要包括：英语能力、专业素养（专业知识掌握情况）、科研潜力、个人素质（心理素质、面试礼仪、表达能力等）。一般来说，面试的时间都在 15～25 分钟，形式以单面为主。

校外面试一般比较重视对学生的英语口语水平（英语自我介绍、英语问答）、英文文献阅读水平的考察。夏令营考核更加关注学生在本科期间的科研训练情况，通常会以研训内容为依据，进一步考察学生对专业课的掌握情况。

需要特别指出的是，科研训练对有推免意向的理工科学生来说尤为重要。科研训练的机会主要来自教师科研课题、大学生创新创业大赛、领域内认可度较高的学科比赛，甚至对专业实验课进行的深度探究也能成为施展科研能力的舞台。

（2）夏令营笔试

就理工科而言，大部分夏令营仅开设面试环节，部分学校会设置笔试环节。笔试的考核内容围绕数学、专业课、英语三个模块展开，考查科目一般会在简章中给出。需要注意的是，有的夏令营笔试仅为参考，不计入成绩，如中科大物理营；有些笔试成绩不过线则不考虑录取，如清华工程物理系；还有一部分夏令营

则将笔试成绩以固定比例计入考核总成绩，其考核占比及规则需要及时向主办方了解。

（二）商经类专业推免

经济学院和商学院的推免过程较为相似，加之两院同学在选择研究生专业时存在较多交叉（主要表现为金融、审计、财务、管理等专业），故在此一并介绍。

目前商经类研究生的专业选择越来越趋向两极化，即就业导向型专业硕士和学术导向型直博两种类型占了绝大部分，学术型硕士在减少。因此，最好提前考虑清楚自己未来的职业方向。

1. 推免申请流程

本章在开始时已经介绍了一个普适性的流程，需要经济学院和商学院同学特别注意的是，部分院校是有春令营的，这是最早可以拿到"offer"的机会。目前只有一些项目在做春令营，如清华五道口和人大汉青等。此外，8月底和9月，也就是在国家推免系统正式开始申报前，还有一批预推免的机会，其考核方式类似于夏令营，但时间和考核过程被压缩。部分院校（如北大经济学院、复旦经济学院和管理学院）没有预推免，夏令营阶段就招满了。这两点比较容易被忽略，其他流程可以参考前文所介绍的流程。

2. 推免准备的"硬核"条件

本小节将对学术硕士和专业硕士两类硕士的推免进行介绍。但不论是哪一类，获得必修课高分和一定的加分是必需的，这两项是拿到推免名额的基础。

（1）学术硕士

对于学术硕士项目来说，最重要的还是必修课分数，尤其是数学和专业课的分数，是你的专业水平的直接体现。如果想申请金融工程、商业分析等和计算机相关的专业，还需要取得较高的计算机课程分数，例如选修 C 语言等涉及编程的课程并取得高分。

学术硕士项目注重对科研能力的考察，有学术志向的同学最好尽早参加老师的课题组，或者参加"大创"，做与自己专业相关的研究题目，尽量完成一篇自己的科研论文。此外，社会实践、实习、创业竞赛等也是商经类学生锻炼专业素养和综合素质的必要经历。

（2）**专业硕士**

作为以培养高层次应用型专门人才为目的的专业硕士项目，在推免生的录取中，将学生实习经历及成绩作为重要考核要素是必要的。其中，课程分数、综合素质足够优秀是最基本的要求，宝贵的实习经历会让你脱颖而出。

其次，英语水平也是重要的考核项目。这里所说的英语水平，不只是阅读、写作水平，更包括口语水平。尤其是某些顶尖项目，有非常多的英语口语考核，例如复旦大学管理学院的专业硕士项目就设置有全英文案例分析环节（具体考核方式可能会有变化）。因此，保持较高的英语考试分数和出色的英语口语水平非常重要。

"小挑""互联网＋""大挑"等省级以上创业竞赛获奖也是推免考核中的参考因素之一，这反映出学生的创新思维及团队合作能力。因此，大学生不仅需要掌握坚实的基础理论和宽广的专业知识，更需要在学术科研、学生工作、社会实践、个人特长技能等方面多加历练，培养自己解决实际问题的能力，奠定良好的职业素养基础。

（三）法学类专业推免

1. 推免的基本要求

法学院推免细则会根据学校推免政策进行调整，可参考近几年的总体要求，

但务必以当年公布的细则为准。

2. 法学硕士与法律硕士如何选择

对于法学本科生而言，可选择的推免方向有以下三种：①法学硕士，简称"学硕"，分专业方向，多为三年制；②法律硕士（法学），又称"法硕""专硕"，多为两年制；③其他专业。

学硕与法硕的区别除了学制外还体现在以下几个方面：①培养方向不同。学硕以培养教学和科研人才为主，授予的主要是学术型学位；法硕培养的是市场紧缺的应用型人才。②课程内容不同。法硕的培养注重实务；学硕的培养则重在学术研究、理论研究方面，课程更为精细和深入。③学费不同。学硕的学费通常比法硕的学费低。

至于是选择学硕还是法硕，需要提前确定未来的发展方向，综合目标学校的各专业设置来做出决定。一定要选择自己感兴趣和擅长的领域，勿随大流。在报考专业的选择上，建议谨慎衡量自己的能力再做选择。一般来说，民商法学和经济法学是大热门，也是多数人的兴趣所在，如果投递名校的这两个专业，会遇到相当多的竞争对手。尤其在夏令营阶段，背景不占优势的同学可以避开热门专业，转向诉讼法学或法律硕士（法学），或者热门、冷门专业相间分布。

3. 前期准备

推免是一场持久战，再加上同步进行的司考复习，对于很多人而言，从3月到9月的整整半年时间都处在一个高压、高强度的状态下。但要想成功推免并取得一个满意的结果，大学前三年的积累和沉淀更重要。

从入学开始，就要树立坚定的目标。要坚持勤奋学习，认真考试，取得优异的学习成绩，尤其是专业课成绩。优秀的学业成绩是通向推免之路的首要条件。要注重提升英语能力，因为很多学校在报名条件上都对英语成绩提出了要求，尤其是上海的高校对英语的要求普遍较高。有的学校还专门设置了英语考试，如中国政法大学会考听力、中国人民大学有口语测试。所以，一定要尽力提高英语成绩——不限于四六级成绩，还包括雅思、托福等。

（四）文史类专业推免

1. 文学与新闻学院

近年，文学与新闻学院基地班推免率基本为50％，非基地班推免率在15％左右。每年具体的推免指标由学校下达。推免率会根据每年学生总人数和推免名额的变化而变化。每年的推免细则可以向学院本科教务办公室、本科辅导员老师咨询，也可向已获取推免资格的学长学姐咨询。

学院校内推荐综合成绩的构成为：前三年必修课成绩＋科研创新潜质与专业能力倾向成绩＋社会实践活动＋思想品德考核。其中，必修课成绩非常重要。有推免想法的同学一定要认真对待每门必修课程。

2. 历史文化学院（旅游学院）

近年，历史文化学院（旅游学院）基地班推免率基本为50％，非基地班约为15％。每年具体的推免指标由学校下达。

学院校内推荐综合成绩的构成为：前三年必修课成绩＋专业能力倾向成绩＋科研及其他。

由于基地班和非基地班的推免比例有较大差距，因而两者在推免的要求上也有较大不同。总体要求请查阅近年学院推免工作实施细则，具体以当年实施细则为准。

3. 文史类专业推免注意事项

希望推免外校的同学应注意，大部分学校在文科类专业中会设置综合类笔

试，所以有志于推免外校的同学，一定要努力准备专业知识。

需要说明的是，各高校、各学院每年的推免工作政策和实施细则会有些许调整，大家要随时关注目标高校和本学院的官网。每年学院针对推免的相关细则会在8月底至9月初公布。

四、推免小贴士

Q：推免对学习公共课有什么要求呢？

A：公共课分为公共必修课和公共选修课。其中，必修课成绩是校内推免排名的主要指标，也是各校夏令营和9月推免资格初审的重要考察项。成绩永远是重中之重，始终保持对专业成绩的关注，投入充足的时间与精力，在成绩上取得尽可能靠前的排名，是推免的前提。

Q：推免对学习专业课有什么要求呢？

A：专业课与公共课相同，同样分为专业必修课和专业选修课。专业必修课成绩也是推免的考核指标之一。专业必修课成绩对推免影响巨大，因此每一门课都要尽可能获得高分。尤其是学分比较高的专业课，非常影响我们的加权平均分，所以需要花费更多的精力。专业选修课成绩虽然一般不被纳入推免的考核指标，但其内容大都与未来个人研究领域息息相关，对于扎扎实实打好学术基础而言也是必需的。

Q：推免对学习英语有什么要求呢？

A：英语，没有最好，只有更好。通过六级考试是很多学校的要求，尽可能高的四六级和雅思、托福等成绩也是英语能力强的直接体现。此外，很多学校的考核内容包含了英文面试，对英语的应用能力提出了较高的要求。英语的综合考查是一项基础测试，平时要注意避免出现"哑巴"英语的情况。

Q：推免需要有什么样的科研经历？

A：本科阶段的科研是一件求质不求量的事情。可有选择地参加领域内科研项目的经验分享会，放平心态。我们需要清醒地认识到科研需要扎实的学科基础和创造力。

课题选题应具有一定的专业深度、研究价值以及前沿性。要通过科研训练，让自己具备正确的科研观；对自己参与的、完成的课题所涉及的专业问题、理论学说、研究方法、研究成果以及其价值意义，要做到全面、深入地理解和把握；要能够做出合理的科研规划，体现一定的科研素养。

另外，跨专业组队开展多学科交叉的科研训练，也是一件非常具有挑战性且锻炼能力的事。

当然，如果在本科期间就有一篇发表在 SCI、CSSCI 等核心期刊的文章在手，更是锦上添花的事情，你也就是同学们眼中的"大佬"了。

Q：如何缓解推免过程中的焦虑情绪？

A：经历了中考、高考的选拔，相信考入川大的我们是同龄人中的佼佼者，而推免是在佼佼者中遴选更优秀的人，这意味着更激烈的竞争和更大的压力。

同时，推免也是个很漫长的过程，对于绝大多数人来说，挫折在所难免。夏令营入营率低、入营后竞争激烈、考核表现不如预期、暂时没有心仪的"offer"等等，都是推免路上的常事，只有迅速从失败中走出来，开启下一段征程，才能赢得最后的胜利。

推免期集中的笔试、面试会给我们带来较大的心理压力。四川大学各个校区都设置有心理咨询中心，一旦发现难以解决的心理困难，一定要主动寻求心理健

康专家的帮助。

Q：推免需要社会实践经历吗？

A：社会实践分为社会调研、公益活动、支教活动等，其组织方式有学校官方组织、学生团队自主组织、公益组织派出等。对于一直在学校里学习的大家来说，实践活动是一个帮助我们了解社会、了解现实情况的机会，可以帮我们更好地体验"象牙塔"之外的生活。此外，规划实践、安排行程、做后勤准备等工作也可以极大地锻炼自己的能力。

Q：学科竞赛是什么？有多重要？

A：学科竞赛与科研成果均为校内外面试中对学生学业水平的重点考察项目。竞赛可以分为科研学术类、专业类、创新创业类、商业策划类、社会实践（公益）类、技能类（唱歌、舞蹈等）、体育类等类型。大家可根据自己的参赛目的、能力、兴趣和时间合理选择竞赛。

首先，参加在领域内认可度较高的全国大学生竞赛，会在学院的综合测评中获得较高的加分奖励（因学院、赛事级别、获奖等级而异）。其次，参加具备较强创新性的学科竞赛往往可以带来意想不到的收获，如发表一篇高水平文章、申请个人专利，甚至得到领域内专家的青睐。最后，通过参加竞赛丰富履历，有助于争取高级别、有内容的科研项目以及有较高质量的实习机会。

Q：择校时，学校、专业方向排名、老师实力应该怎么考虑？

A：确定职业规划和未来发展方向很重要。是否选择推免，选择哪个学校的哪个专业，都必须服从于长远的规划，这就要求学生在本科期间尽早确定自己的职业规划和未来发展方向。

个人能力、科研资源决定了自己研究生阶段的发展上限，因此在报考意向学校时，我们要综合导师的研究方向、学校平台及个人兴趣，做出最适于个人发展的选择。

Q：推免实习需要注意什么问题呢？

A：除了毕业要求的实习（各学院各专业有不同的要求），对想要推免的同学来说，要有高质量的实习，最好选择大公司、大平台，而且要和自己的专业和未来选择的方向相关。例如，如果我们申请的是金融硕士，以后想进入金融机构，但实习选择的是互联网公司，可能意义就不是很大。

Q：站在推免的角度，学生工作应该怎么选？

A：班委、团委、社团活动无疑对我们的社交、表达等软实力的提升很有帮助，如优秀的学术型社团对我们学业水平的提升会起到非常大的作用。但是，如果学生工作过多，超出了自己的能力范围，则容易分散精力，因此我们需要量力而行。

Q：怎样才能获取本专业的学术前沿研究情况？

A：关注学术前沿热点，阅读本专业书籍，培养专业素养。至少精读一本专业方向的专著，或读几篇核心期刊论文，把握本专业的最新学说和理论，并形成自己的理解和思考。

经常参加与本专业相关的讲座，同业界大佬、学界大牛进行面对面交流，对于我们明确发展方向，确定自己感兴趣的领域有非常重要的作用。另外，参加专业讲座往往会带来一些研究方向或学术思维上的启发，对于培养自己的学术思维和明确研究目标大有裨益。

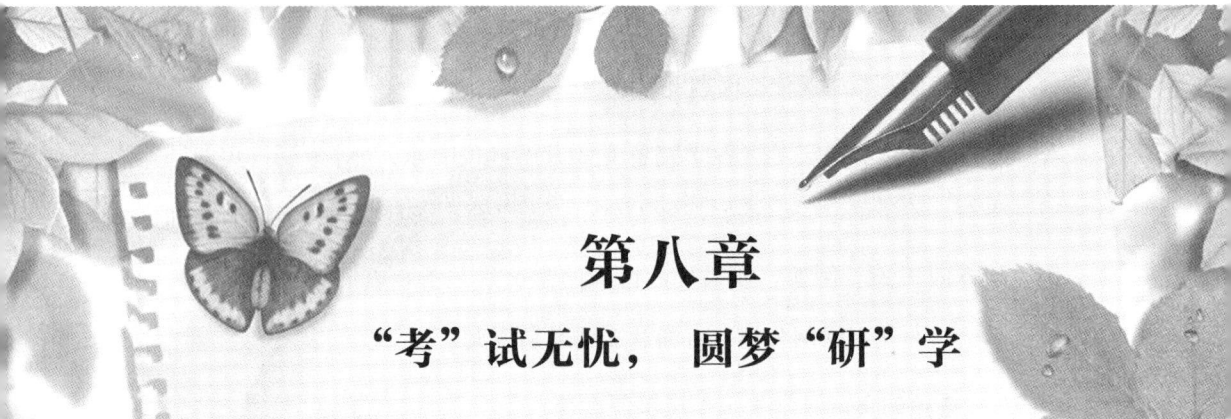

第八章

"考"试无忧，圆梦"研"学

"不管前方的路有多远，有多么崎岖不平，只要走的方向正确，都比站在原地更接近幸福。"

近些年来，本科毕业生人数在逐年攀升，越来越多的同学更加倾向于读研深造。除了推免之外，考研成为读研的唯一路径。谈起"考研"，这两个字承载了太多的内容，其中最重要的一个，叫作梦想。但逐梦的道路并非一马平川，一定充满各种艰难险阻。因此"大川小思"想借此机会提供一些与考研相关的信息以及备战考研的建议，希望对有志于考研的同学们有所帮助。

一、考研形势分析

如图 8-1 所示，近五年来，考研报名人数呈现出快速增长的趋势，从 2015 年的 165 万激增到 2020 年的 341 万。相较之下，各大高校的录取人数却没有太明显的增长。因此可以说，考研成功的难度在增大，每一年都可能是考研最难的一年。

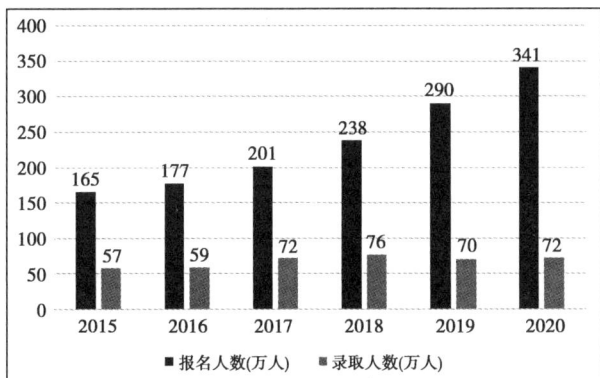

图 8-1　近五年考研报录人数变化

二、考研小知识

（一）考研的流程

考研是一场持久战，从准备初试到最终拿到录取通知书至少需要一年的时间。这一年之中有许多关键的时间节点，只有确保在每个节点都不出纰漏，最终才有可能获得成功。因此，熟悉考研的流程是准备考研的学生应该学习的第一课。考研的流程和时间节点如图 8-2 所示。

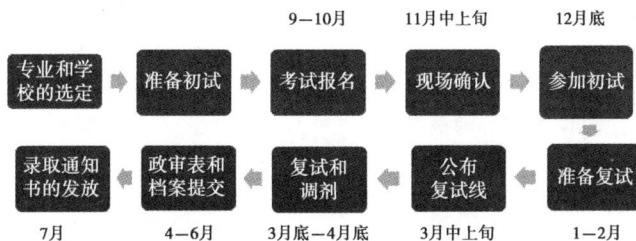

图 8-2　考研的流程和时间节点

（二）关于考研的几个术语

1. 全日制和非全日制

二者目前已经合并为全国统一考试，统一划线。一般而言，大家都会报考全日制研究生。非全日制目前因为改革的时间不长，报考的人数不多，因此全日制落榜考生可以申请调剂去读非全日制研究生，反过来则不行。

2. 学术型和专业型

目前的研究生分为学术型和专业型两大类，它们的区别如表 8-1 所示。

表 8-1　学术硕士与专业硕士的区别

对比项目	学术硕士	专业硕士
培养目标	学术研究人才	应用型专业人才
课程设置	侧重于加强基础理论的学习，重点培养学生从事科学研究、创新工作的能力和素质	强调理论与实践相结合，侧重培养学生解决实际问题的能力，要求至少半年以上的实践环节
招生专业	分为 13 个学科门类，涵盖所有的专业和研究方向	共计 40 个专业学位，招生专业比较具有针对性
调剂要求	可以调剂成专业硕士，部分医学类专业除外	不能调剂成学术硕士
学制	多为 3 年	2～3 年，非全日制一般适当延长
学费标准	基本是 8000 元/年	一般比学术硕士高，非全日制更高
导师制度	单导师制，校内导师全程指导	双导师制，校内导师教授知识，校外导师培养技能
学位论文	强调科学理论研究与实践创新，一般为学术论文	以应用为导向，形式多种多样
读博方式	可以直博或硕博连读，也能考博	不能直博或硕博连读，可以考博

3. 初试和复试

考研初试一般在每年的 12 月底进行，全国统考，形式为笔试。思想政治理论和第一外国语（一般是英语）为必考科目，理工类专业需要考数学，这三科均为全国统一命题。剩下的考试则为专业课考试，一般为各高校自主命题。初试的总分一般为 500 分，部分专业（如管理类联考）除外。复试则在次年的 3—4 月进行，由各招生高校或研究院所自行组织，一般分为专业课笔试与专业面试以及第一外国语口试。

4. 复试分数线

复试分数线是我们进入复试的门槛，按照高校层级的不同，分为 34 所学校自划线以及国家线。而国家线则按照中国大陆地区经济发展水平的不同分为 A 区和 B 区国家线，其中 B 区线一般比 A 区线低 5～10 分。各级分数线均含单科和总分分数线，单科和总分均满足要求才算过线。这要求考生必须严肃认真地对待每一门考试科目，不然可能因为某一科的疏忽大意而名落孙山。图 8-3 列出了复试分数线的构成。34 所自划线高校的名单和国家线具体的分区情况请读者自行上网查询。

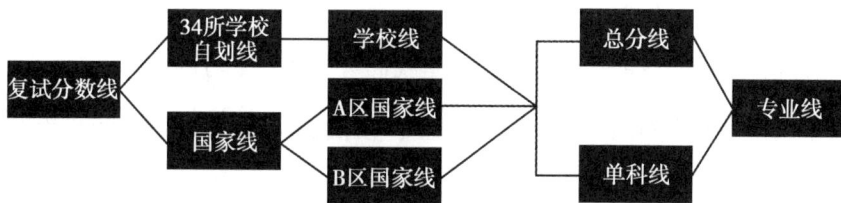

图 8-3　复试分数线的构成

5. 报录比和复试比

报录比即报名人数和录取人数之比，复试比则是高校发出的复试邀请人数与最终的录取人数之比，这两个数据均反映了竞争的激烈程度。考研同高考一样，

不同高校有不同的分数线，不同专业也有不同的录取分数线。有些学校由于专业很热门，报考的人数很多，僧多粥少，竞争自然激烈；有些学校则把复试比划得很高，最终淘汰很多人，这会影响落榜考生参加调剂。因此，提前了解报录比和复试比有助于我们避开过热的学校和专业，提高自己的考研成功率。

6. 考研信息的来源渠道

考研可以说是一场"信息的战争"，谁能及时掌握准确的信息便能够取得先机，也可以少走很多弯路。

"中国研究生招生信息网"（以下简称"研招网"）由全国高等学校学生信息咨询与就业指导中心主办，是考研招生信息的官方网站，也是我们考研路上必须使用与关注的一个平台。通过"研招网"可以查询招生院校和专业信息，以及历年的分数线与报录比；初试报名、准考证打印、调剂信息的填报、录取的确认等都须在"研招网"进行操作。

目标院校的研究生招生信息网是考研招生信息最重要的来源，是我们查找招生简章、获取专业课参考书目、查询录取分数线及复试比的官方途径。

大家一定要及时关注"研招网"和目标院校研究生招生信息网的动态，避免因错过关键的时间节点而导致考研失败。

目标院校目标专业的在读学长学姐是我们考研路上学习的榜样，我们可以从他们那里获得一些准确的考研信息，比如专业课的复习资料、复试的流程、复试比等。

此外，现在是互联网时代，我们要学会在互联网上搜索我们需要的信息。考研的 QQ 群、考研培训机构的官网、考研培训名师的微博或者微信公众号等渠道都可能提供我们需要的信息。

三、初试攻略

（一）学校和专业的选择

学校和专业的选择因人而异，我们在这里只能给出一些参考建议。

在选专业的时候，同学们要先明确自己是否喜欢这个专业。因为待大家读完研究生之后，所从事工作的内容多数都是与研究生阶段所学专业相关的。兴趣是最好的老师，只有喜欢才能把它学好，这样以后的生活才不会有那么多苦恼。如果确实不喜欢自己当前的专业，那么考研将是一个不错的转专业的机会。不过大家千万不要盲目跟风去跨考，要客观地评估自己是否适合跨考的专业，是否有足够的时间去准备考试，是否喜欢以后的工作环境，因为只有适合自己的才是最好的。

在选学校的时候，大家要对自己的实力有一个客观评估，不妄自菲薄，也不盲目自信。小思建议大家还是要给自己一些挑战，选择一些稍微超过自己能力的学校。人要有梦想，但是有梦想不等于瞎想。选学校的时候应该通过各种渠道去查询相关院校的招生人数、分数线、报录比、复试比和考试内容等等。要先充分地了解信息、对比信息，知己知彼，才能百战不殆。

此外，在选学校的时候，对目标院校所在的城市也需要着重考虑。离家的远近，以及城市的经济发展状况、气候、民风民俗、饮食习惯甚至是方言等情况都是你需要考虑的因素。

（二）考研复习资料的获得

公共课的参考书可以是自己之前学过的课本，也可以从各大电商平台购买。

在这里小思要特别谈一谈专业课资料的获得渠道。

对于报考川大的本校同学来说，可以向所考专业的学长学姐了解，寻找往年的真题。想要报考外校的同学可以首先去报考院校的研究生招生信息网上查看招生简章，那里一般都会列出参考书目；往年的复试通知一般也会提供相关的参考书目。了解到参考书目后便可以通过互联网或者旧书店购买。其次，从已经考上的学长学姐那里获取信息和浏览考研论坛，将成为你前期考研准备工作的一部分。你可以从学长学姐那里购买参考书、复习笔记或者真题，还可以在论坛上发帖求购。

（三）公共课的复习

1. 考研数学的复习

数学对于很多理工科的考研学子来说都是一场噩梦。考研数学就是我们大一学的高数吗？答案是否定的。考研数学不只考高数一科，其范围包含了我们大一学过的全部数学基础课程。考研数学分为数一、数二和数三，我们应该首先明确自己要考哪一类。三类数学的联系和区别如表8-2所示。

表8-2　考研中三类数学的联系与区别

对比项目	数学一	数学二	数学三
适合专业	理工科的学硕	工科类的专硕或对数学能力要求不高的学硕	经济类财务专业
考试内容与占比	高等数学（56%）线性代数（22%）概率统计（22%）	高等数学（78%）线性代数（22%）	高等数学（56%）线性代数（22%）概率统计（22%）
难度	最难	高数占比大，较难	较数学一简单

特别要说的是，文史类专业是不考数学的，这部分同学就偷着乐吧！

明确了自己的考试内容后，便该选择复习资料了。此时，你可以了解一下考研数学界的几位大佬：李永乐、张宇和汤家凤。复习考研数学，跟着这三位老师中的任意一位学习即可。三位老师都是在考研数学界扎根多年且口碑不错的老师，他们的课程和书籍质量都受到广大研友的好评。李永乐老师的《考研数学复习全书》《线性代数辅导讲义》，张宇老师的《张宇十八讲》等，都是不错的参考资料。在网上购买教材时，一般都是全套购买，除了上面所说的辅导书籍，还有一些习题集。你也可以根据自己的需求搭配购买。小思在这里建议大家，最好在购买其中任何一套资料之后，就开始复习准备。等到了复习中期，自己已经基本掌握各知识点之后，可再增添一些额外的资料。前期无须购买太多书籍，不然会给你一种需要复习太多内容的错觉，切记贪多是嚼不烂的。

但是光有复习资料是不够的，还要将知识点内化于心才行。为此，小思觉得大家至少应该做到以下三点：

（1）**打好基础最重要**

一定要掌握基本的概念，以及简单公式、定理的推导和证明，比如经常用的数列和函数的极限定义，拉格朗日中值定理、洛必达法则、矩阵的秩的性质的证明。记住，再难的题目也是简单概念的堆叠。可以在每学过一段时间后，合上书本或者翻到目录，对自己最近学过的知识来一次复盘，回顾每章的重点以及学习过程中印象比较深刻的定理、习题，并重新学习、理解自己还不太熟悉的内容。

（2）**有针对性地练题，学会举一反三**

熟悉基本的概念、公式和定理后，就要开始通过做题来巩固复习的成果，及时地查漏补缺，并要能够举一反三，学会一道题，掌握一类题。真题是我们复习过程中宝贵的财富。近十年的真题一定要保证至少"刷" 3 遍，争取做到每道真题都会做。做完真题后可以找各大名师的模拟题来做。"三天不练手生"，一定要

保持每天做题的习惯一直到考前的最后一晚。大家还要多总结，摸索出自己的思维特点和解题节奏。做题过程中一定要及时发现自己对哪些知识点的理解还比较薄弱，哪种习题还不太会解，然后专门去找这种题目来做。有了这样一种自我发现、自我完善的过程，大家才能建构好完整的知识体系。

（3）**重视计算，注意细节**

通过研究近十年的真题，小思发现偶数年的数学难，主要是难在计算上面。而计算往往是同学们比较薄弱的地方。大家在做题时，不要一看出解题思路就跳到下一题，而是要自己动手算出正确的答案。大家不光要会做，还要把分拿满。另外，大家也要逐步摸索出一些检验自己答案是否正确的方法。考研数学总分150分，经常会成为最终的胜负手。希望同学们一定要重视数学，在考试中拿到一个理想的分数。

2. 考研英语的复习

考研英语主要分为两类，一类是学硕考的英语一，另一类是专硕考的英语二。二者的题型类似，但是英语一的难度会比英语二高一些。

无论是考英语一还是英语二，复习的策略都是一样的。首先是重视单词记忆，因为单词是一切的基础。考研大纲给出的5500个单词大家一定要全部背诵下来。这里推荐"百词斩"这款背单词的App给大家，它将单词和图结合，使记单词不再那么枯燥，记忆也会牢固一些。如果你问背不下来怎么办，那小思只能告诉你多背几次。

其次就是重视阅读，得阅读者得天下。考研英语中阅读一共有40分，不论是想通过单科线还是想取得高分，阅读都不容有失。练习阅读最有效的办法就是研究真题。研究真题首要的任务就是弄清楚真题文章主要讲述的是哪些方面的内容。近几年真题文章的主要关注点在经济形势、法律、科技方面，因此同学们要有意识地关注相关主题的文章，并熟悉特定专业词汇的中文释义。然后要将全文一字不漏地翻译成中文，对不会的单词要查词典并做记录和背诵；重点关注长难句，因为有长难句的地方往往就是出题的地方。接下来就是要弄清楚全文的主旨以及行文的逻辑，通过对比完成选项选择。此外还要猜测命题人的考查意图，以及熟悉干扰选项的命制风格，从而能够在考试的时候迅速排除干扰选项，选出正确答案。希望大家能把真题系统地做3遍以上，并且不断地提高阅读速度和正确率。

最后，要重视写作。考研英语一中写作占30分，英语二中写作占25分，写作得高分，总分才能得高分。推荐大家看看新东方王江涛老师的视频，其内容不仅干货满满，而且是从基础开始讲起，对不同基础的同学都很适合。考前一个月需要看看各大名师的押题文章，不是要全背下来，而是去看看相关话题，并且自己练习写几篇。当然，如果你复习时间比较紧张或者写作基础太差，那么你可以在考前背10来篇不同话题的文章，以防止在考场上卡壳写不出来。

3. 考研政治的复习

政治的复习对大多数同学来说等于从头学习，而且想得高分也挺难。但是我们要对政治足够重视，并注重复习的"性价比"。至于政治的复习资料，推荐"肖秀荣全套"。复习的时候可以边看《知识点精讲精练》边做《1000题》的客观题，对于出错的题要反复练习。用好"四套卷"和"八套卷"，最后一段时间可认真背一背"四套卷"中的问答题答案。希望大家能够仔细阅读肖秀荣老师每本书的前言，其中有关于学习方法的详细介绍。大家还可以关注肖秀荣老师的微博，上面会不定期发布考研政治消息，并且会有答疑的内容。建议大家把政治的得分目标定为65分以上，因为现在很多985学校的政治单科线就高达60分。如果因为政治没过线而落榜，那可就太遗憾了。

四、复试和调剂攻略

考研的复试分数线大概在每年 3 月中上旬公布。公布的分数线，直接决定了我们是准备复试、联系调剂还是接受失败。对于考研失败的同学，只能说十分遗憾，但也不必过分悲伤，人生的选择还有很多。能参与复试与调剂的同学，一定要继续绷紧神经，努力争取最终的录取。

（一）复试

考生所报考专业的复试分数线是随着复试名单一起公布的，在这个时候我们便要仔细研究复试的名单。一般学校的复试名单会附上初试的分数以及排名，大家要找到自己在名单中的位置，并根据招生计划人数和复试人数来判断复试比，从而明白竞争的激烈程度，做到心里有数。特别是对于那些排名比较靠后的考生来说，就更要注意这一点。同学们要尽最大努力去准备复试，但是也要做好最坏的打算。当然，排名比较靠前的同学也不能沾沾自喜。每个人都要尽力准备到最好，但因为是差额复试，所以总会有人被淘汰。如果你不幸在最后时刻被刷下来，先不要悲伤，一些学校还有校内调剂的机会，你一定要及时跟学校的研招办或者学院的招生办公室沟通，了解校内是否有调剂的信息。

那么复试要怎么准备呢？我们先前讲到复试是由专业课笔试、专业面试、第一外国语口试组成。在复试这一关，学校更加看重你的专业能力、表达能力、外语的应用能力。但是每个学校复试的具体形式又是不同的，所以这个时候有一个"直系"的学长学姐便非常重要。你可以从他们那里了解到复试的流程、内容，甚至还可以获得历年的真题。当然，你还可以从论坛或者淘宝上购买复试真题以及复习笔记。关于复习细节小思在此就不再多说，大家争分夺秒疯狂"啃书"就对了。但这里还要再唠叨一下外语的口试，同学们一定要准备好一份精致的、不浮夸的、情真意切的自我介绍，从而避免在考试的时候一句话都说不出来。

（二）调剂

说到调剂，其实小思的内心是抗拒的，因为希望大家都能够金榜题名。但现实生活中意外总是难以避免。如果你不幸落榜，既不想再战又还想上学，那么调剂就是你最后一搏的机会。所以，小思还是简单地介绍一下调剂应该注意的地方。

考研调剂的竞争甚至比一志愿复试的竞争还要激烈。调剂就是一场"信息战"，如果你能先找到高校的调剂需求，并且提前联系，那么你便会占据先机。调剂的信息可以从研招网、各大高校的研究生招生官网、新浪微博的大 V 以及考研相关的微信公众号等渠道找到。如果在学校线或者国家线出来后、专业复试名单出来前，你觉得自己进入第一志愿复试阶段的机会很渺茫，那么从这个时候开始你就应该开始通过各种渠道搜集调剂信息，及时联系相关院校或者相关老师，介绍你的实际情况，看看对方是否愿意给你一个机会。待调剂系统开放后，相关院校便可以及时查看你的调剂申请，并且给你复试的机会。

如果你未通过复试，而且也未成功通过校内调剂，那么你就应该暂时收起你的悲伤，转入对调剂信息的搜集过程中。翻网页、打电话、发邮件，你要寻找一切可能的调剂机会。调剂系统开放后，希望大家不要"病急乱投医"，填的调剂学校或者专业应该是经对比斟酌后认为相对适合自己的。同学们一定要守在研招网面前，关注调剂信息的变化，及时查询各高校的缺额；收到复试邀请后，要及时确认，并且快速转到复试的准备中。若在 48 小时内自己的调剂信息未被处理，

那么就应该迅速转换策略，争取其他学校的复试机会。

复试的过程长达一个半月，有可能你很长一段时间都会被拒，得不到复试邀请，但是小思希望你不要气馁，要一遍一遍地刷新网页，不放弃希望。每年都有人在4月底"捡漏"成功上岸，所以你要相信"幸运女神"终会眷顾你。即使最后失败了，但若已尽力争取，便没有什么好遗憾的了。

以梦为马，不负韶华。再怎么信誓旦旦，最终也还是要落实到具体行动上来。小思希望各位同学一旦选择了远方，就一定只顾风雨兼程。最后祝愿大家金榜题名，梦想成真！

五、考研小贴士

Q：考研从什么时间开始准备比较好呢？

A：这个因人而异，因为每个人所报考学校或专业的难度不同，每个人的学习效率也不同。作为考研的过来人，小思在考研路上是一直觉得时间不够的，因为不到考试结束的那一刻，都会觉得自己准备得还不够充分。小思建议，即使你基础比较好，初试复习最迟也应在当年3月开始。

Q：对于考研没信心，觉得自己考不上怎么办？

A：首先，我们需要打消这个念头。我们能够进入川大并顺利地度过了三年的大学生活，这就代表着我们的实力还不错。因此，当我们在高考完三年后又一次面对这样的选拔性考试，我们依然应该信心十足，无所畏惧。其次，对于报考本校的同学来说，更加应该充满信心，因为我们有着得天独厚的优势：热心的学长学姐、一手的考研信息以及一群一起交流进步的本校的研友。在考研自习室里，从年初到年末，人数会越来越少，到最后甚至会有人未完成考试。小思希望大家成为带着自信与努力笑到最后的人，而不是成为那些半路黯然离开的人。

Q：考研是否需要报培训班或者买网课呢？

A：小思觉得数学和英语的培训班完全不需要报，贵且不说，实际作用也不大。要相信自己的学习能力，高考能考上川大的同学自学能力一定不会太差。至于政治，如果时间允许的话可以报个班跟着一起背诵。专业课的话，如果有校内老师开设的辅导班当然要报，但是千万不要相信市面上的那些内部班、包过班什么的，大概率是骗子。至于网课，小思觉得没有必要购买，因为看视频课普遍容易走神，一不小心就把时间浪费了。但是如果我们英语基础比较差的话，小思倒是推荐观看唐迟老师讲阅读的视频，他的视频可谓干货满满。

Q：考研是否需要找研友一起奋斗呢？

A：凡事有利也有弊，这主要还是看每个人的性格。有的人喜欢找研友结伴复习，也有的人喜欢从头到尾孤军奋战。找一个研友最大的好处，就是大家在气馁或失去动力的时候，能够互相鼓励、互相扶持，肩并肩走到最后。此外，研友之间频繁的交流能够促进考研一手消息的沟通。但是有时研友之间也会形成依赖，如果研友的状态不好，自己也会或多或少受到影响。所以小思提醒大家在寻找研友的时候一定要寻找一个踏实努力的同学，这样的研友将会是考研路上一直帮衬我们的力量。

Q：考研期间周边的诱惑太多，我们应该怎样去回避这些诱惑呢？

A：考研的学生一定要有强烈的时间观念。我们在制订一份时间安排表的时候，一定要注意那只是一张表格，它最终能否发挥作用还取决于我们是否严格地

遵守这些时间安排，是否在相应的时间段做了该做的事情。考研是一个从量变到质变的过程。如果我们已经开始了考研的备考，那么就得赋予自己一个考研生的身份，严格遵守自己的复习时间安排，将自己与他人区分开来。这样就不会受到周边非考研人员和环境因素的影响，能够真正地沉下心来进行复习。

Q：**应该提前联系导师吗**？

A：在初试的时候不建议去联系老师，因为那个时候还有太多的不确定性，老师也不可能给大家什么明确的承诺。建议等初试成绩公布，大家根据往年的分数线判断自己能进复试后，再视情况联系导师。

Q：**备考中应该怎么调整心态**？

A：在备考过程中出现心态的起伏是很正常的。不间断的学习是枯燥乏味的，有时遇到一些暂时克服不了的困难，我们很容易心态"爆炸"，想甩手不干。但说实话，大家遇到的这些问题都不是什么问题。当我们心情不好、复习效率低下、脑子嗡嗡作响的时候，就出去走走，呼吸一下新鲜空气。累了要懂得犒劳自己，吃顿好的、看一场电影，都会是很好的调节方式。考研需要我们集中精力，但是不需要我们集中压力。

Q：**复试应该从什么时候开始准备**？

A：初试结束就应该马上转入复试的复习当中。目前大多数院校最终的录取分数中，复试成绩占比 50%。因此，初试考得不太好的同学也可以在复试中"逆袭"，考得好的同学也可能最终"翻车"。如果等到复试线出来才开始复习的话，时间就可能只有 10 天左右，非常紧张。因此，不管我们考得怎么样，都应该在初试结束就开始准备复试，充分利用好等待成绩的这段时间。初试考得不好的争取复试翻盘，考得好的也应该争取提高自己的入学成绩，以便拿到更高的奖学金。

Q：如果没过一志愿复试线，我要选择调剂吗？

A：如果想读研，但又不想再考一次，那么调剂当然是我们唯一的选择。不要以为调剂就只能去很差的学校或者很差的专业，每年都有很多人因为搜集到一手的调剂信息而考上比自己第一志愿更好的学校。如果我们能做到前面讲到的调剂信息的搜集，明智地选择，扎实地准备复试，也可能得到一个理想的调剂结果。总之，希望就在前方，不到最后一刻一定不要放弃。

Q：低年级的同学可以为考研准备什么？

A：大一大二的同学，如果打算未来读研，那么应尽量争取推免。大家要努力努力再努力，使分数上升上升再上升，并且全方面地发展自己的能力，不蹉跎时光，为大三的推免竞争打下坚实的基础。即使到时候不能推免，自己扎实的基础摆在那里，考研还不是一件很容易的事情吗？

大三的同学，如果觉得推免基本无望，那么就要提早着手准备考研的事宜。如果我们学的是文科或医学类专业，那么就早点开始复习专业课，建立一个完善的知识体系，做到脑中有货；如果我们学的是理工科专业，那么就应该早点复习英语和数学，争取早点消灭这两只考研路上的拦路虎。

Q：考本校的具体优势是什么？

A：专业课复习方面的优势。本校的专业课教材和复习资料相对容易获取。本校有的老师还会开设专业课辅导班，帮助大家快速掌握专业课重点和考点，可以大幅提高专业课的复习效率。

复试方面的优势。本校老师一般会很喜欢本校培养的学生。但是这并不意味着本校的考生只要过线就会被录取，本校的考生同样需要为复试做足准备。此

外，本校的同学复试的时候不用舟车劳顿，且还可以方便地跟本校的学长学姐打听考研信息，这些均有助于我们在复试中取得好成绩。

导师选择方面的优势。"近水楼台先得月"，本校的学生可以提前去了解专业导师的情况，而且了解的渠道会比外校同学的渠道更加丰富。

参考文献

[1] 托马斯·萨金特.数学和宏观经济学关系之解惑[EB/OL].(2019-09-16)[2020-6-5].https://www.phbs.pku.edu.cn/2019/viewpoint_0916/6477.html.

[2]郭磊,脱秋菊.面向自主学习能力提升的大学数学多媒体教学资源建设研究[J].教育现代化,2019(13):100-102.

[3]高秋菊.关于从中学数学到大学数学学习方法转变的策略[J].赤峰学院学报(自然科学版),2010(08):205-206.

[4]姚树桥,杨艳杰.医学心理学[M].7版.北京:人民卫生出版社,2018:1-67.

[5]史蒂芬·柯维,罗杰·梅里尔,丽贝卡·梅里尔.要事第一[M].北京:中国青年出版社,2006.

[6]Di Vesta,Francis J,Gray G S. Listening and note taking[J]. Journal of Educational Psychology,1972,63(1):8,14.

[7]缪建伟.谈谈怎样记笔记[J].外语教学,1981(3):77,78-81.

[8]孙继民.记笔记研究的理论模式与实践[J].外国教育研究,2004,31(8):26-29.

[9]Zimmerman B J,Schunk D H. Models of self-regulated learning and academic achievement[M]. New York:Springer-Verlag,2001:1-25.

后 记

学业指导源于西方，在欧美大学教育中已推进了超过一个世纪，是专职且专业的大学教育领域。

我国高校开展专业化学业指导工作的历史仅 10 年左右，尚处于专职化起步阶段。近几年，在国家加快世界一流大学和一流学科建设的推动下，高校学业指导工作蓬勃发展。越来越多的高校成立了学业辅导机构，并配备专兼职的咨询师，开展学业指导工作，为学生的学习及发展提供多样化、个性化的指导与服务，助力高校人才培养质量的提升。

作为"双一流"建设高校，我们有幸参加了多次全国性学业指导工作研讨会，如 2017、2019 年清华大学主办的高校学业辅导工作研讨会，2019 年 5 月北京航空航天大学组织的新时代高校优良学风建设研讨会暨"大学生学习力"国际论坛等。我们发现，在工作经验的分享中，各高校都不约而同地提到了朋辈辅导在学业指导中具有明显优势，这为我们如何着力开展我校学业指导工作带来了有益的启发。

2019 年 6 月，我校学工部组建了以探索开展学业指导工作为核心任务的"思学工作室"。率先组建好以辅导员为主体的导师指导队伍后，工作室依托导师团队，将重点放在了打造一支精品朋辈导师队伍上来。为此，我们将团队定位为公益性学生社团组织，采用公开招募形式，不设定招募人数，以吸引真正有担当、有情怀的品学兼优的爱心学霸参加。通过优中选优，我们遴选出首批约 30 名"思学朋辈学业指导导师"。他们不仅基本有国奖加身，还个个身怀"独门绝技"，他们中有推免 C9 名校的大四学生、考研专业第一的"考神"、网络签约作家、英语六级 670＋的英语达人、大赛国奖获得者……

小导师们不仅自身星光熠熠，在全新的朋辈学业指导工作中更是热情十足。今年 1 月，一场突如其来的新冠疫情袭击全国。面对同学们不寻常的宅家生活，2019—2020 秋季学期末刚组建的学霸导师立刻行动起来，迅速确定团队名称、设计团队 logo、制订工作规划、创建线上平台等；2 月 3 日起，便以"大川小思"为名，将原计划新学期开展的学业分享内容调整完善，推出"大川小思抗疫闭关秘籍"系列学业指导微信推文。同时，在 5 个主题学习交流 QQ 群，以问卷答疑、日常咨询、团体辅导、一对一咨询服务等多种形式，为在学习及学业发展方面有问题的同学释疑解惑，进行线上学业咨询指导服务。短短一个月时间，"大川小思"的线上学业分享资料被下载 1200 余次，公众号阅读量达 3400 余次。疫情防控特殊时期，"大川小思"朋辈学业导师们及时送上的"云端"学业关心与帮助，为宅家抗疫的川大学子注入了知识和智慧的力量，为探索我校学生学业指导工作开启了一个良好的开端。

当前，国内疫情基本得到控制，全国人民的学习工作生活日趋正常。为充分发挥"大川小思"在大学生学习成长中的引领示范作用，亦为彰显他们在特殊时期对我校学业指导工作做出的特殊贡献，思学工作室结集出版了这本朋辈学业指南。指南内容主要以首批 30 名小导师自身的学习成长经历为基础，结合同学们的共性经验和在日常学业指导工作实践中凝练的案例特点，从学习心态、综合素质培养等方面分享了适应大学学习生活的建议，并就数学、英语基础课程学习方法、时间管理、与导师沟通、记笔记等学习交流技巧，以及推免、考研、竞赛等学业提升及发展重点，给出了切实有效的思路和方法，干货满满，非常适合初入大学的新生及有不同学业发展需求的高年级本科生阅读。

本书是在学工部陈森部长、卢莉副部长的指导下，在"大川小思"指导教师朱晓萍老师、温慧婷老师、白宝芬老师的组织下编写的。第一章由潘琪、王若曦、赵一凡、石心怡、白钊远编写，第二章由胡川、杨秋瑜、刘佳琳编写，第三章由于世博、张彤、刘莫辰编写，第四章由徐嘉、郭怡琳编写，第五章由李晚秋、姜雨孜编写，第六章由黎家伟、唐彬鹏、林润基、张凯凡、王兆基编写，第七章由刘洪铭、张鹏飞、庄晓怡、徐婷编写，第八章由袁炸、梁锐、李伟宇、沈海波、董映显编写。此外，刘洪铭、石心怡、姜雨孜、李晚秋参与了全书统筹工作，宣推小组的罗睿、史晨参与了全书统筹、审校及"关于'大川小思'""青春留言板"两部分内容的编写工作，易思思、容东霞、许鸿仪、黄心悦、曾喆妮参与了全书的校对工作，许鸿仪参与了封面设计工作。

成书过程中，编者还得到了"大川小思"专业指导教师方云军老师、胡泽春老师、赵成清老师、翟硕老师的大力支持。教务处及谢维雁老师、张世全老师、袁昊老师、梁勇飞老师、周俊老师、何蕾老师、刘维佳老师、苏婷老师对稿件进行了仔细审阅。陈鹏翔同学、傅晓轩同学、谢仁阿依·买合苏提同学、马啸同学、彭凯同学、郭遇尔同学、邢阳同学丰富了稿件的内容。上述老师和同学为本书的完善提供了重要帮助，在此向他们的辛勤付出致以诚挚的谢意！

本书是我校学业指导工作的第一次尝试，篇章设计及内容组织定有考虑不周不当之处，书中内容也主要针对我校学生学习情况而言，所有这些局限，恳请读者批评指正。

四川大学党委学生工作部　思学工作室

2020 年 5 月